JN232676

ライブラリ　パーソナリティ　2

性格のタイプ

自己と他者を知るための11のタイプ論

瀧本孝雄　著

サイエンス社

「ライブラリ　パーソナリティ」刊行にあたって

「ライブラリ　パーソナリティ」はパーソナリティ（性格）やそれと関連の深い領域から、伝統的な問題に加えて新しい問題を選んだものである。

自分や他人の問題についての関心は古くからあり、性格学という表現の本も20世紀の前半にかなり発刊された。今日の性格心理学は精神医学から大きな影響を受けている心理学の分野である。最近、パーソナリティの研究は著しく拡大され、発達心理学、臨床心理学、社会心理学との接点が多くなり境界が融合されつつある。

このライブラリはパーソナリティに関するテーマの中から、それぞれの領域を専門とする研究者たちに単著という形で自由に書いて頂いたものである。パーソナリティという研究領域にはどのようなことが含まれているのかを知って頂き、それに興味をもって頂ければ幸いである。

2000年４月

詫摩武俊

まえがき

十人十色、百人百様という言葉があるように、人はそれぞれ独自の性格や個性をもっている。この世の中では、ある人とすべての点でまったく同じ特徴をもっている人はいないであろう。

しかし、人をよく観察してみると、たとえばAさんとBさんは正反対の性格であるが、AさんとCさんはいろいろな点で、かなり性格的に共通しているということを発見することがある。私たちは、このようなAさんとCさんを同じタイプであると考えることが多い。

ところで、特定の個人の行動の仕方には、それぞれかなり恒常性が認められる。しかも、このような恒常性は、ある一群の人々に共通に認められる。タイプ論が成立する根拠は、実はこのようなところにあるのである。

タイプ論はすでにギリシャ時代からの古い歴史があり、今までさまざまなタイプ論が提出されてきた。

タイプ論では、一定の原理にもとづいて、性格をいくつかの典型的な型に代表させることによってタイプを決定する。そして、性格の構造を明らかにし、多様な性格を分類、整理することによって、性格の理解を容易にしようとするものである。

タイプ論を知ることは、自分や他人を深く知る手がかりとなる。

本書ではまず、タイプ論による5つの性格テストを紹介している。実際にやってみて、自分がそれぞれのタイプ論でどのタイプかを理解するのに役立つと思われる。

次に性格のタイプ論の歴史と意義について述べた後に、主なタイプ論としてクレッチマー、ユング、シェルドンなどによる11のタイプ論について紹介する。

また、性格テストについて、その意義や測定上の問題、歴史や種類についても述べている。

さらに、性格のタイプの発達的側面として、双生児法など性格形成の諸理論について紹介している。

本書が自己理解と他者理解のうえで何かと役立てば幸いである。

最後に、本書出版の機会を与えてくださった東京国際大学詫摩武俊教授と出版にあたり大変ご尽力いただいたサイエンス社編集部の清水匡太、小林あかね両氏に厚く感謝する次第である。

2000年5月

著　者

目次

3

主な性格のタイプ論 …… 39

目　次

1 タイプ論による性格テスト

テストI

次のそれぞれの文章を読んで、あてはまるものには2点、ややあてはまるものには1点を（　）の中に記入しなさい。
どちらともいえないものや、あてはまらないものは空欄のままでよい。

A1（　）控えめで用心深いほうである。
B1（　）親切すぎたり、おせっかいをやくことがよくある。
C1（　）粘り強く、物事を最後までやり通すことが多い。
A2（　）他人は他人、自分は自分と割り切ってしまうことがある。
B2（　）いろいろな会合には進んで出席するほうである。
C2（　）1つのことに熱中しやすく、凝り性である。

A3（　）冷たくはないのだが、つい冷たい印象を人に与えてしまう。
B3（　）素直で気軽に人とつきあう。
C3（　）約束の時間は必ず守るほうである。
A4（　）多くの人とつきあうよりは、少数の人と深くつきあいたい。
B4（　）活動的で、いろいろなことをやってみたいほうである。
C4（　）普段はおとなしいほうだが、たまにカッと怒ってしまう。
A5（　）何か始めるとき、なかなか決心がつかない。
B5（　）人と関わるのが好きなほうである。
C5（　）几帳面で、何でもきちんと整理するほうである。
A6（　）物事に対して非常に感じやすい面があるが反面鈍感な面がある。
B6（　）気分が軽快なときと沈んでしまうときとがあって気分が変わりやすい。
C6（　）物事を堅苦しく考えてしまって、融通性に欠ける面がある。
A7（　）大勢の人の中にいるより、一人でいるほうが気が楽である。
B7（　）物事の決断は早いほうである。
C7（　）誠実だが、面白味がないと人に思われている。
A8（　）行動するよりも、考えるほうが好きである。
B8（　）現実的で実際的なことに関心をもっている。

C8（　）まじめで堅い人とみられやすい。
A9（　）自分自身については、あまり人に話さないほうだ。
B9（　）自分の感情を表に出しやすいほうだ。
C9（　）派手にやるよりも、着実にやっていくほうが気持ちにあっている。
A10（　）人の好き嫌いが激しいほうである。
B10（　）人から暖かい人と思われている。
C10（　）礼儀正しく、丁寧なほうである。

採点方法

Aの合計点（A1からA10までの合計点）
Bの合計点（B1からB10までの合計点）
Cの合計点（C1からC10までの合計点）をそれぞれ求める。

合計点が15点以上の場合は、まさにそのタイプである。合計点が12～14点の場合は、そのタイプの傾向がみられ、8～11点の場合には平均的得点である。また5～7点の場合には、そのタイプの傾向があまりなく、4点以下の場合には、その傾向がほとんどないことを示している。

もちろん、人によっては2つのタイプに高得点が出たという場合もあり得る。たとえばAとC、BとCである。AとBが両方とも高得点ということはあり得ない。AとBはまったく正反対な性格のタイプだからである。

A、B、Cそれぞれに得点が出なかった人もいるかもしれない。この場合には、A、B、Cのタイプには入っていないことを示している。

ここでいうAタイプは分裂気質であり、Bタイプは躁うつ気質であり、Cタイプは粘着気質である。

このテストは、クレッチマーのタイプ論をもとに作成されており、それぞれのタイプの特徴については本書の3章で説明している。分裂気質については、p.44以降、躁うつ気質については、p.56以降、粘着気質については、p.66以降である。自分にあてはまるタイプの特徴についての説明をよく読んで、自己理解に役立てていただきたい。

テストⅡ

次のそれぞれの文章を読んで、あてはまるものには2点、ややあてはまるものには1点を（　）の中に記入しなさい。
どちらともいえないものや、あてはまらないものは空欄のままでよい。

A1（　）わずかなことで、とかく悩みやすい。
B1（　）わがままで、勝気なところがある。
C1（　）何ごとも自信をもちやすい。
A2（　）気が弱く、つい相手のペースにはまってしまう。
B2（　）つい自分をオーバーに表現してしまう。
C2（　）積極的で強気にやっていけるほうだ。

A3（　）神経質で、細かいことが気になる。
B3（　）新しいものや流行などには敏感なほうである。
C3（　）人に任せるより、自分でやったほうがまちがいない。
A4（　）考えすぎてしまってなかなか決心がつかない。
B4（　）華やかなことや、華やかな場所が好きだ。
C4（　）ときに自分のペースで押し通してしまうことがある。
A5（　）過ぎ去ったことを、くよくよ考えてしまうほうである。
B5（　）人に甘えたり、頼りたいと思うことがよくある。
C5（　）何ごとも信念をもってやっていきたい。
A6（　）何ごとも、つい心配してしまうことが多い。
B6（　）好きな人と嫌いな人がはっきりしている。
C6（　）他人のいいなりにならず、自分流にやっていきたい。
A7（　）人から言われたことを気にしやすい。
B7（　）負けず嫌いである。
C7（　）恐い人だと人に思われやすい。
A8（　）何かあったときに、自分が悪かったのではないかと思いやすい。
B8（　）人の話を聞くより、自分が中心になって話すほうである。

C8（　）命令されるより、命令するほうが自分の気持ちにあっている。
A9（　）友人には誠実で思いやりがあると思う。
B9（　）つい自慢話をしてしまう。
C9（　）人を引っぱっていくリーダーシップがあるほうだ。
A10（　）自分が困っていることを、誰か人に聞いてもらいたい。
B10（　）つい自分を実際以上に見せようとする面がある。
C10（　）気軽につきあえる友達が少ない。

採点方法

テストIと同様の方法で、Aの合計点、Bの合計点、Cの合計点をそれぞれ求める。

判定方法はテストIと同様である。合計点が15点以上の場合は、そのタイプである。12～14点の場合は、そのタイプの傾向があり、8～11点の場合には平均的な得点である。また5～7点の場合には、そのタイプの傾向があまりなく、4点以下の場合には、その傾向がほとんどないことを示している。

ここでいうAタイプは神経質であり、Bタイプはヒステリー的性格、Cタイプはパラノイア的性格である。
各タイプの特徴は以下の通りである。

神経質タイプの特徴

このタイプの基本的特性は不安定感にある。自分に自信がもてずに、たえず取越し苦労をしたり、気を使いすぎたりして自分を責める傾向が強い。カラッとしたところがなく、ジメジメとした感情に沈んでいる。何事に対しても消極的であるので、よけいに疲れやすくて長続きせず、しまいには、あきらめてしまうといった弱気なところが目立つ。劣等感も強く、自分のすることに、引けめを感じていて落ち着きがない。一般に寝つきが悪いので、眠ることに非常に気を使う。

感受性が鋭く、自分の外側や内側の変化を敏感に感じとってしまう。また内省が過剰で、うまくいかなかったときには、自分に何か落ち度があったのではないかと考えてしまう。そのために、何か言いたいことがあっても、これを言うと相手は自分のことをどう考えるかと気にしてしまって、つい言いそびれてしまうということになりがちである。

さらに、他人が何気なく言ったことがいつまでも心から離れず、そのために悩んだり苦しんだりする。過敏で考え過ぎ、しかも不安定になりやすいこと、これが神経質といわれる人の心理的特徴である。

もともと不安定になりやすいので、結果として弱気になりやすく、他人より劣っているのではないかという劣等感に陥りやすい。

神経質な傾向というのは、かなり生まれつきであると考えられることが多い。とくに敏感な感受性という特徴はそうである。たしかに神経質な人は弱々しい感じがするし、そのことを自分自身で悩むことも多い。しかし、神経質な性格というものを、それほどまでに否定する必要はない。むしろ、神経質の人は豊かな感受性、デリケートな感覚、良心的で慎重な態度など、なかなか得がたい特徴をたくさんもっているのである。

ヒステリー的性格の特徴

ヒステリー的性格の者の特徴は、その派手な自己顕示性にある。また非常に自分勝手で、好き嫌いが激しく、移り気でしかも無反省なところがある。見栄を張って大げさに表現したり、何でも自分本位に物を考える。また、暗示を受けやすく、迷信や人のうわさに弱く、物事を表面的に判断しがちである。社会的に未成熟のまま、幼児的要素を多く残して成人したような感じである。

ヒステリー的性格の人の周りには、ときに何かしら華やかで賑やかな雰囲気が漂っている。彼らが一人で黙って仕事をしている姿を想像するのより、何人かの人々に取り囲まれ、朗らかに談笑したり、自慢話をしている姿を思い浮かべることのほうが容易である。彼の会話は、なかなか気がきいていて教養があるようにみえる。浅くて広い知識、誰かの受け売りであっても、新しい話題をいつも用意している。キラキラと輝くような社交性が目立ち、それに虚飾が加わっている。

ヒステリー的性格の者には誠実さというものがあまり感じられない。華麗であるが、どこか暗く、暖かそうでいて、意外に冷たく、賑やかなようでいて孤独である。結局、大人になりきれない未成熟な性格であるといえる。

パラノイア的性格の特徴

パラノイア的性格の人は概して強気である。逆境に陥り、苦境に立つことになっても、今になんとかなると信じて、がんばり抜く人である。固い信念と自信がこの人の行動を支えている。

自分は正しいのだ、自分のやってきたことは間違いはなかったし、やろうとすることも間違いがないのだという考えで生活している。そのため、何ごとも他人に任せることができず、自分でやろうとする。

強引、専制的、高圧的、横柄といった一連の特性がみられ、気ばかり強い人物という印象しか与えず、友人や部下からも敬遠されがちである。デリケートな感覚とか、人の気持ちをくみ取るということは非常に苦手であり、人に対する態度や会話の内容にも、上品さや洗練された雰囲気は期待できない。

パラノイア的性格の人は、また抗争的で攻撃的である。世の中では自分のほうが正しく、相手が間違っていると思っている。あることを固く信じて思い込むことが多いが、その内容はたいてい、自分に都合のいいことである。

しかし、活動的で積極的に物事に取り組むので、社会的には成功する人が多い。

テストⅢ

次のそれぞれ対になっている文章を読んで、自分の性格によりあてはまるほうを選び、（　）の中に○を記入しなさい。

A1（　）自分の周囲で起きていることに注意をはらう。
B1（　）自分の内面で起きていることに注意をはらう。
A2（　）興味を広げる。
B2（　）興味を掘り下げる。
A3（　）考える前に行動する。
B3（　）行動する前に考える。

A4（　）人との交流を好み、自分を表現することが多い。
B4（　）人前で自分を表現することが少ない。
A5（　）すすんで周囲の出来事に関わっていく。
B5（　）今していることに集中して取り組んでいく。
A6（　）決断するのが速いほうである。
B6（　）決断するのに時間がかかる。
A7（　）自分の感情や気持ちを表現するほうである。
B7（　）自分の感情や気持ちを表現しないほうである。
A8（　）自分より他人のことが気になる。
B8（　）他人より自分のことが気になる。
C1（　）実際に今起きていることに着目する。
D1（　）物事の全体像や可能性に着目する。
C2（　）実際に役立つことや実践的なことに価値をおく。
D2（　）イメージや洞察に価値をおく。
C3（　）先のことより今に目が向きやすい。

D3（　）今より先のことに目が向きやすい。
C4（　）1つずつ、順を追いながら情報を集める。
D4（　）ふっと思いついたり、思いたったことなどから情報を集める。
C5（　）経験の積重ねを信頼する。
D5（　）ひらめきを信頼する。
C6（　）現実的で堅実である。
D6（　）チャンスを求め、チャレンジしたい。
C7（　）将来のために現在の楽しみを犠牲にすることはない。
D7（　）現在の状況より将来の可能性に強い関心をもつ。
C8（　）インスピレーションよりも、経験をもとに結論を出す。
D8（　）発想と独創性を大切にしたい。
C9（　）事実をよく観察し、物事を冷静にみたい。
D9（　）何か新しい企画をすることが好きである。
E1（　）合理性を重視して考える。
F1（　）相手や自分の大切にしていることを重視して考える。

E2（　）原因と結果から考える。

F2（　）自分の価値基準から考える。

E3（　）気持ちに流されず、客観的な事実を追求する。

F3（　）調和や個人の尊重を求める。

E4（　）理性、論理を大切にする。

F4（　）気持ちや感情を大切にする。

E5（　）正しい、正しくないで判断する。

F5（　）好む、好まないで判断する。

E6（　）理屈にあうかどうかで、物事を判断する。

F6（　）理屈よりも感情、気持ちを大切にする。

E7（　）物事を論理的に秩序づけ、冷静に判断する。

F7（　）論理的なことよりも、人間関係に興味をもつ。

E8（　）他人の感情や気持ちに鋭敏なほうではない。

F8（　）人情家で、感情の動きが活発である。

E9（　）他人がどう思うかよりも、正しいか、正しくないかというほうが重要である。

F9（　）他人がどう思うかによって、自分の言動を決めることが多い。

採点方法

A、B、C、D、E、Fそれぞれの（　）内の○を数える。

判定方法

まずAとBの○の数の多いほうをそのタイプとする。たとえばAの○の数が6で、Bの○の数が3であれば、Aタイプとする。

Aタイプは外向型であり、Bタイプは内向型である。

次にCとDの○の数の多いほうをそのタイプとする。Cタイプは感覚型であり、Dタイプは直観型である。

さらに、EとFの○の数の多いほうをそのタイプとする。Eタイプは思考型であり、Fタイプは感情型である。

これらの結果をもとにして、次のような手順で総合タイプを決定する。

まずC、Dの○の多いほうとE、Fの多いほうを比較し、それらのより多いほうを選ぶ。そしてA、Bの多いほうと結びつけて総合タイプを決定する。

たとえば、Aの○の数が6、Bの○の数が3、Cが7、Dが2、Eが6、Fが3の場合、ABではA、CDではC、EFではEとなり、次にCとEではCとなる。その結果、AとCの組合せが第1の総合タイプとなり、AとEの組合せが第2総合タイプとなる。第1総合タイプのAは外向型であり、Cは感覚型であるので、第1総合タイプは外向感覚型となる。また第2総合タイプのAは外向型であり、Eは思考型であるから、第2総合タイプは外向思考型となる。

この結果、この例では、第1総合タイプが外向感覚型であり、このタイプがこの人の中心的なタイプとなる。また第2総合タイプの外向思考型もこの人の準タイプと考えることができる。

このテストはユングのタイプ論をもとに作成されている。ここでは、8つのタイプに分かれるが、具体的なタイプの特徴については本書p.108以下に解説してある。

テストⅣ

次のそれぞれ対になっている文章を読んで、自分の考えによりあてはまるほうを選び、（　）の中に○を記入しなさい。

A（　）人生の目的は利益の追求であり、財産の獲得にある。
B（　）人生の目的は物事を客観的にみて、論理的な体系を創造することにある。
C（　）人生の目的は最高の感覚的事実である美的価値を追求することにある。
D（　）人生の目的は宗教的価値、聖なるものを追求することにある。
E（　）人生の目的は権力を求め、人を支配し命令することにある。
F（　）人生の目的は他人や社会一般の福祉、他人のために奉仕することである。

A（　）人生の目的は利益の追求であり、財産の獲得である。
C（　）人生の目的は最高の感覚的事実である美的価値を追求することである。
A（　）人生の目的は利益の追求であり、財産の獲得である。
D（　）人生の目的は宗教的価値、聖なるものを追求することにある。
B（　）人生の目的は物事を客観的にみて、論理的な体系を創造することにある。
F（　）人生の目的は他人や社会一般の福祉、他人のために奉仕することである。
C（　）人生の目的は最高の感覚的事実である美的価値を追求することにある。
E（　）人生の目的は権力を求め、人を支配し命令することにある。
A（　）人生の目的は利益の追求であり、財産の獲得である。
E（　）人生の目的は権力を求め、人を支配し命令することにある。
B（　）人生の目的は物事を客観的にみて、論理的な体系を創造することにある。
C（　）人生の目的は最高の感覚的事実である美的価値を追求することにある。
F（　）人生の目的は他人や社会一般の福祉、他人のために奉仕することである。
C（　）人生の目的は最高の感覚的事実である美的価値を追求することにある。
D（　）人生の目的は宗教的な価値、聖なるものを追求することにある。

E（　）人生の目標は権力を求め、人を支配し命令することにある。
A（　）人生の目的は利益の追求であり、財産の獲得である。
F（　）人生の目的は他人や社会一般の福祉、他人のために奉仕することである。
B（　）人生の目的は物事を客観的にみて、論理的な体系を創造することにある。
E（　）人生の目的は権力を求め、人を支配し命令することにある。
D（　）人生の目的は宗教的価値、聖なるものを追求することにある。
F（　）人生の目的は他人や社会一般の福祉、他人のために奉仕することである。
B（　）人生の目的は物事を客観的にみて、論理的な体系を創造することにある。
D（　）人生の目的は宗教的価値、聖なるものを追求することにある。

採点方法

A、B、C、D、E、Fそれぞれの（　）の○の数を数える。

判定方法

○の数が4あるいは5の場合にはそのタイプである。○の数が3の場合には、そのタイプの傾向をもっている。○の数が2以下の場合にはそのタイプではない。

Aは経済型、Bは理論型、Cは審美型、Dは宗教型、Eは政治型、Fは社会型を示している。

このテストはシュプランガーのタイプ論をもとに作成されており、各タイプの具体的な特徴は本書の **p.153** 以降で解説してある。

テストV

次の文章を読んで、あてはまるものには2点、ややあてはまるものには1点を（　）の中に記入しなさい。どちらともいえない、あてはまらないものは何も記入しないでよい。

①（　）忍耐強いほうである。
②（　）人づきあいを大切にするほうである。
③（　）人の意見に従うことが多い。
④（　）つい反抗的になってしまうことがある。
⑤（　）何かと気分が不安定になりやすい。
⑥（　）秩序を大切にしたい。

⑦（　）話し好きなほうである。
⑧（　）自分の意見をあまり言えないほうである。
⑨（　）社会や家庭に不満がある。
⑩（　）人間関係が下手である。
⑪（　）責任感が強いほうである。
⑫（　）人にあわせるほうである。
⑬（　）消極的になりがちである。
⑭（　）人に対してつい攻撃的になってしまう。
⑮（　）自分にあまり自信がもてない。
⑯（　）自分に対して厳しいほうである。
⑰（　）従順なほうである。
⑱（　）臆病なところがある。
⑲（　）自己主張が強いほうである。
⑳（　）何かと悩みやすい。
㉑（　）意志が強いほうである。
㉒（　）他人からの評価が気になるほうである。
㉓（　）自己主張があまりできない。

㉔（　）人の話をあまりきかないことが多い。
㉕（　）自己嫌悪に陥りやすい。
㉖（　）自己コントロールがきくほうである。
㉗（　）素直なほうである。
㉘（　）リーダーシップはとれないほうである。
㉙（　）世の中には信用できない人が多い。
㉚（　）他人からの評価が低いように思える。

採点方法

①、⑥、⑪、⑯、㉑、㉖番の（　）内の数字を合計する。➡Aタイプ
②、⑦、⑫、⑰、㉒、㉗番の（　）内の数字を合計する。➡Bタイプ
③、⑧、⑬、⑱、㉓、㉘番の（　）内の数字を合計する。➡Cタイプ
④、⑨、⑭、⑲、㉔、㉙番の（　）内の数字を合計する。➡Dタイプ
⑤、⑩、⑮、⑳、㉕、㉚番の（　）内の数字を合計する。➡Eタイプ

判定方法

それぞれAタイプからEタイプの中で、8点以上の者は、そのタイプである。また、5～7点の者は、そのタイプである傾向をもっている。

このテストは、ハヴィガーストのタイプ論をもとに作成されており、Aタイプは自己指向的人間、Bタイプは順応的人間、Cタイプは服従的人間、Dタイプは反抗的人間、Eタイプは不適応人間である。

タイプの具体的説明は、本書 **p.169** の部分を読んで理解してほしい。

2

性格のタイプ論の歴史と意義

タイプ論とは

タイプ（類型）論は、ギリシャ時代にまでさかのぼるほどの歴史をもっている。現代の性格心理学においては、タイプ論の立場は古典的なものとみなされているが、人の人格を直観的に理解するには、きわめて便利で有用である。

本章では、まずタイプ論の考え方の特徴を述べ、次にタイプ論の歴史、さらにタイプ論の問題点について検討する。

タイプ論の考え方

性格のタイプ論とよばれているものは、何らかの理論ないしは基準にもとづいて、多様な性格の中に類型的なものを見出し、いくつかの典型的なタイプによって、性格を説明し、あるいは理解しようとする方法論である。

この考え方は主としてヨーロッパで発展したが、タイプ論的発想は、表面的にはわかりやすいために誤解も生じやすく、そのため、その真価が理解されていない面もある。

一般にタイプ論といっても、どのようなタイプを考えるのかによって、タイプ論のあり方は大きく異なっている。したがって、タイプ論を考える場合には、そのタイプを設定する背景にある理論がどのようなものであるかを問題にしなければならない。

そこでまずはじめにタイプという概念自体について検討する。性格研究においてタイプという場合に、どのようなタイプに対する考え方があるかを整理してみると、主に次のように分類することができる。

①　理論的タイプ。
②　統計的な基準によって得られるタイプ。
③　関連したいくつかの属性の組合せによるタイプ。
④　プロフィールのパターンによるタイプ。

これらは、個々の性格理論の中で、相互に関連しあう場合もあり、また概念的に対立する場合もある。

ところで心理学者は、タイプ（類型）という用語で何を意味しようとしたのであろうか。心理学的な意味での類型概念をはじめて使用したのは、ディルタイ（Dilthey, W.）である。彼はタイプを全体の本質的特徴となる根本的な構造を表現するものであると定義した。この定義にそって、その後、主にドイツを中心に理論的タイプ論が発展した。それらの考え方によると、タイプとは、もっとも普遍的なものから、個別的なものへの中間節であり、それは典型あるいは理念型であるといえる。

タイプ論では、人間を「ユニークな全体」と考え、それをより小さな部分に分析できないものとして全体的にとらえようとしている。このような点は、ドイツの人間学に共通する考え方である。

次にタイプ論では、具体的な人間の研究には質的な把握を必要とし、統計的方法による量的把握は問題としない。そこで、典型的な個々の事例の研究が重要であって、そのようなタイプの記述が性格心理学の問題であるとしている。

またタイプは一定の理論的背景のうえに構成されたものであるから、理論的に統一されており、典型が明示されているために、個々人の多様な性格を全体的に把握することを容易にしている。

さらに、タイプ論は精神科学的心理学の色彩が強く、人間の個性や性格は説明され得るものではなく、理解され得るものであると考えている。

ところで、タイプ論を支えている理論的背景はさまざまであって、多くの学派に分かれていた。

まず形式のうえから分類すると、もっとも単純なのは、ある単一の特徴（たとえば何か異常な特徴）をもつか、もたないかによって分類する立場がある。また外向型、内向型というタイプのように、相対立する特徴のどちらを顕著にもっているかという観点から分類する立場もある。この種のタイプ論は非常に多く、注意する際にみられる固執型、流動型、物事に対する態度にみられる主観型と客観型などがこれに含まれる。

また2種類以上の要因の組合せから、数種類のタイプを構成する多元的立場もある。たとえば、感情的反応の強さと速度という2種類の要因の組合せによる4つのタイプ（強くて速い、強くて遅い、弱くて速い、弱くて遅い）を設定するのがこの種のタイプ論である。

次にタイプのよりどころを何に求めるかという点から分類すると、これを体質的・

生物学的基礎に求める立場と、何らかの心理的特性に求める立場とに大別される。前者には、クレッチマー（Kretschmer, E.）、シェルドン（Sheldon, W.H.）などがおり、後者にはディルタイ、シュプランガー（Spranger, E.）、ユング（Jung, C.G.）、ル・センヌ（Le Senne, R.）などが含まれる。

このようにタイプ論の種類は非常に多いが、それぞれが独立に主張されていて相互の交流は乏しく、したがって類型学それ自体を統一し、整理しようとする試みはあまりなされていない。

以上、タイプ論の特徴について述べてきたが、次にタイプ論の問題点について考えてみる。

タイプ論の問題点

タイプ論の問題点としては次のことがある。

第1は、多様な性格を比較的少数のタイプに分類してしまうので、典型的なものを重視してしまい、一つのタイプと他のタイプの中間型や移行型が無視されやすいという点がある。タイプ論で示されているような性格が、純粋にそのような形で存在することは少なく、実際には混合していてどの型に入るかが、はっきりしないものが多いのである。

第2に、ある人をあるタイプの中に入れようとするとき、そのタイプに固有の特性だけが注目されて、その人のもつ他の特性が見失われてしまうことがある。またその逆に、その人のもっていない特徴まで、その人のもっているものとみられやすい。つまり、非常にステレオタイプな見方や偏見に陥ってしまうことがある。

第3に、タイプは性格の質的な把握であるので、それぞれの人の間での程度の差を量的に示すことが難しいことである。

第4に、タイプによって行動を説明すると、因果関係を示すものと誤解を受けやすい。たとえば、分裂気質だから非社交的であるとか、内向型であるから控えめであるというのは、循環論法であって、必ずしも因果関係を示すものとはいえず、十分な説明になっているとはいえないのである。

第5に、タイプ論は性格を固定し、静止したものとして取り扱い、変化、発展するダイナミックな側面を見逃すきらいがある。そのため、とくに性格形成に及ぼす社会的・文化的環境の要因を軽視しがちである。性格の発達を問題にするとき、これらの要因は無視できないものなのである。

最後に、現段階においては、それぞれのタイプ論において、タイプ論相互の間に関連がなく、多種多様な立場から、それぞれのタイプが主張されていて、性格の統合的、総合的研究をさまたげている面がある。

しかし、最近になって、タイプ論で樹立したタイプと、因子分析的研究で見出された性格の因子がしだいに接近する傾向が徐々に認められてきている。

ところで、性格の研究において類型学の果たした功績は大きいといえる。それは、それぞれのタイプが、一定の理論的背景のもとに構成されたものであるから、論理的に統一されており、典型的なものが明示されているので、個人個人の性格を全体的に把握することを容易にしている。人の行動には、かなりの恒常性、一貫性があるので、類型学的な知識をもつことが、人の性格を理解し、行動の予測を可能にする場合が多いのである。

タイプ論の歴史

タイプ論はすでにギリシャ時代にガレノス（Galenus）が体液病理説にもとづいて、多血質、胆汁質、憂うつ質、粘液質の4つの気質分類を唱えている。以来19世紀に至るまで、この考え方が継続し、科学的心理学の開祖といわれるヴント（Wundt, W.）でさえ、この4分類を情緒反応の強弱とその変化の遅速との組合せで説明しようとした。しかし、この時期までのタイプ論の多くは理念的であり、実証的な裏づけはないものが多かった。

20世紀に入ってから、タイプ論はヨーロッパで新たな発達を遂げ、精神の全体性、統一性を強調するドイツやフランスの人間学や性格学の考え方がタイプ論を成立させる背景となった。

タイプ論の具体的な内容について3章で述べるが、ここでは主なタイプ論について概説する。

ドイツのクレッチマーは、体格を細長型、肥満型、闘士型と分類し、それらが分裂気質、躁うつ気質、粘着気質に関連が高いことを示した。

一方、アメリカのシェルドンは、身体型を内胚葉型、中胚葉型、外胚葉型の3つに分類し、それらが内臓緊張型、身体緊張型、頭脳緊張型と高い相関があることを統計学的に見出した。

またユングは、精神的エネルギーが主体へ向かう内向型と客体へ向かう外向型に分け、次に、心理的基本機能として思考、感情、感覚、直観の4つを考え、これらを組み合わせて、内向的思考型、外向的思考型、内向的感情型、外向的感情型、内向的感覚型、外向的感覚型、内向的直観型および外向的直観型の8つのタイプに分類した。

新フロイト派のフロムは、受容的性格、搾取的性格、貯蔵的性格、市場的性格、生産的性格の5タイプをたてた。

世界観にもとづくタイプ論として、ディルタイは、官能的人間、英雄的人間、瞑想的人間の3つの性格類型をたて、一方、シュプランガーは、価値志向の方向によって、理論タイプ、経済タイプ、審美タイプ、社会タイプ、政治タイプ、宗教タイプの6つのタイプを設定した。

これらのタイプ論以外にも、ル・センヌ、モリス、イェンシュ、ホーナイ、ハヴィガーストなどのタイプ論がある。

3
主な性格のタイプ論

クレッチマーのタイプ論

体質・気質・性格

クレッチマー（Kretschmer, E.）は１８８８年、ドイツに生まれ、１９１３年に学位を取得し、１９４６年以降は、チュービンゲン大学の精神医学および神経医学の教授を勤め、１９６４年に亡くなった。

クレッチマーの臨床精神医学にもとづく体格と性格の研究は有名で、彼が分裂気質、躁うつ気質、粘着気質と名づけた性格の類型はどの心理学の教科書にも引用されている。彼の主著『体格と性格』は１９２１年の初版以来、たびたび改訂増補され20数版を重ねている。

クレッチマーはまず、体質、気質、性格を次のように規定している。人の生得的な形態的・機能的個体差を通常体質といっている。クレッチマーは、とくにそれが遺伝的に規定されているということを強調しているが、外的な刺激によって素質それ自体が変容するという場合があり、とくにそれが乳幼児期にあった場合には、生得的なものと区別することができないとした。したがって、この場合には、体質という概念には、素質が発達初期に環境の刺激を受けて変化した部分を包括しているのである。

体質が生物学的概念であるのに対して、性格は純粋に心理学的な概念としてとらえられている。クレッチマーは、性格とは人間の感情的・意志的反応のさまざまな可能性の総体であり、それは個人の生活史的発達の過程の中で、遺伝と環境的条件から生ずると考えた。

このように、クレッチマーは、性格が情動の面からとらえられた心理学的全人格であり、体質の概念と共通するところも少なくないが、教育や環境の外因性を含むところにあると規定している。

クレッチマーはまた、「体質研究は相関研究である」という定理を打ち出し、生物学的中心課題は、形態と機能の関連であり、体質研究の生理学的側面または生化学的側面では、個人の体格と精神の実体の輪が徐々につながりあうといっている。

クレッチマーの気質タイプ論

クレッチマーはまず、内因性精神病の体格研究を試み、躁うつ病では平均以上に多くの人が肥満型体格を、一方精神分裂病では、細長型体格または発育不全型体格の者が多いことを見出した。精神病のうちでも、てんかんの患者では傾向が明瞭ではなかったが、闘士型体格の者がやや多かった。

この結果をもとに、クレッチマーは、精神病者から正常者までを包括する幅広い説を推論し、精神病から精神的健康へのなだらかな移行が存在することを確かめた。そして、精神的健康者の性格領域においても、体格との関連性が広げられた。

クレッチマーはまず、体格を細長型、肥満型、闘士型、発育異常型の4つに分類した。

細長型は、胸囲も腹囲も小さく、筋肉や骨格の発達も不十分で、やせてひょろひょろした体格である。

肥満型は、全体としてまるまるとしており、首は短く、胸囲、腹囲ともに大きく、手足は短くて頭ははげやすいといった体格である。

闘士型は、筋肉や骨格が発達しており、がっちりとした体つきで、首は太く、肩幅

表１●精神病と体格

	肥満型	細長型	闘士型	発育異常型	特徴なし
てんかん	5.5%	25.1%	28.9%	29.5%	11.0%
精神分裂病	13.6%	50.3%	16.9%	10.5%	8.6%
躁うつ病	64.6%	19.2%	6.7%	1.1%	8.4%

（Kretschmer, E., *Körperbau und Charakter*, 1921）

も広い体格である。

さらに、発育異常型というのは、生殖腺その他の内分泌異常にもとづくと思われる身体的特徴をもっているものである。

次に、これらの体格と精神病との関係が研究され、**表1**のように、精神分裂病者の約半数が細長型の体格であり、躁うつ病者の3分の2の者が肥満型の体格であることを見出した。さらに、てんかんの患者と体格類型との間には、はっきりした関係はみられなかったが、相対的に肥満型が少なく、また、精神分裂病者、躁うつ病者に比べて、発育異常者が相対的に多く見出された。

さらにクレッチマーは、正常の人の性格にも、精神分裂病、躁うつ病、てんかんの患者にみられる行動や性格の特徴が、薄められた形で認められることを見出した。そこで、クレッチマーは、3つの精神病に対応する3つの気質をそれぞれ分裂気質、躁うつ気質、粘着気質（てんかん気質）と名づけた。

クレッチマーは、体格が精神病者ばかりでなく、分裂気質か躁うつ気質、粘着気質の者にも関連が強いことを見出した。それによると分裂気質と細長型、躁うつ気質と肥満型、粘着気質と闘士型に関連があることを認め、それによって、体格と性格の類型理論が確立された（**図1**）。

このような体格と性格との相関は、クレッチマーによれば、内分泌腺や神経系の機能によるものであるとされている。

分裂気質の特徴

分裂気質の者は表面と内面とをもち、表面から内面を推測するのは非常に困難である。長い間つきあっていても理解できないことがある。

クレッチマーがこの気質の特徴としてあげているのは、次のようなものである。

① 非社交的、静か、無口、控えめ、用心深い、内気、きまじめ、変わり者。
② 臆病、はにかみ、敏感、感じやすい、神経質、興奮しやすい、自然や書物に親しむ。
③ 従順、お人よし、正直、温和、無関心、鈍感、愚鈍。

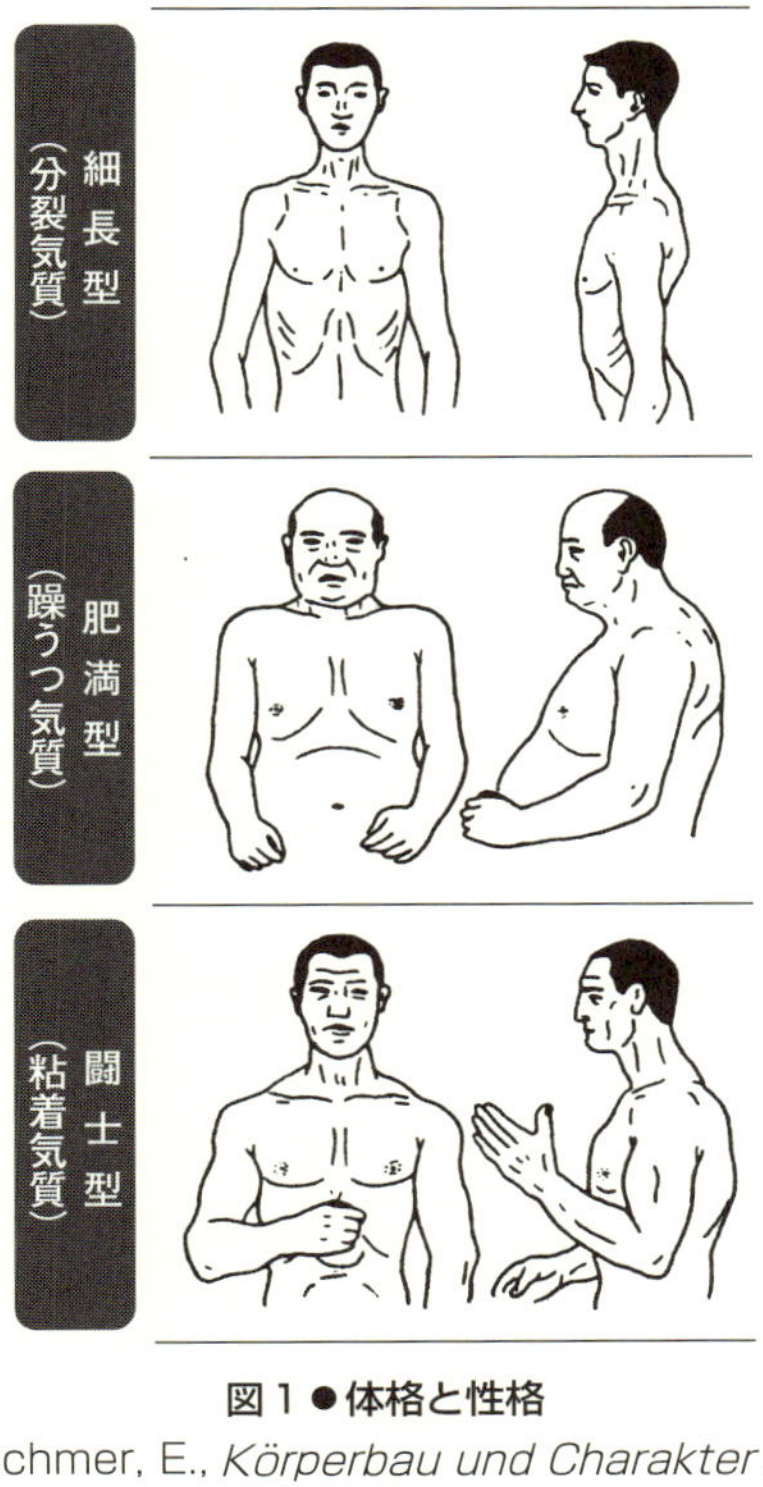

図1●体格と性格

(Kretschmer, E., *Körperbau und Charakter*, 1921)

①は分裂気質の一般的特徴で、周囲の人との接触がうまくいかず、冷やか、おもしろみがない、頑固、形式主義者というような印象を与える点を示したものである。これは周囲の現実世界に対する非同調性を表しており、いわば内閉的な引きこもりの態度といってよい。クレッチマーは、この点を分裂気質の根本的特質と考えた。これはブロイラー（Bleuler, E.）が自閉症と名づけた要素と対応している。

②はさまざまなニュアンスをもつ精神の過敏性を示している。それは内気な感情による繊細さであるといえる。優雅でデリケートな貴族的趣味をもっていること、日常の卑俗な生活から遠く離れた夢幻的なものに憧れるというような特徴から、ときには激しく興奮する傾向があるということまで含んでいる。

③は鈍感さを示したものである。決断できない、服装などに対する無頓着、動きのない表情、受動的な生活態度というような傾向を示している。

②の特徴と③の特徴は相反するものであるが、分裂気質の諸気質は敏感と鈍感の極の間に位置している。分裂気質の者は敏感か鈍感かというのではなく、敏感でかつ鈍感である。しかし、その割合は混合状態をなしている。敏感の極から進んで、ひと続きの段階をなして、「氷のように固い要素」がますます広がり、「敏感なまでに感情豊

かな要素」がますます減少しつつ鈍感（冷淡）な極に至る。このように、個々の分裂気質の者において、高感受性要素と低感受性要素が重なりあっている混合状態（2つの要素の混合している割合）をクレッチマーは精神感受性の割合（比率）といっている。

つまり、両者が混ざりあい、それをともにもっているところに分裂気質の特徴がある。そして、この割合は多くの場合、敏感の極から鈍感の極へと向かう方向に移行する。

分裂気質の者の社会的態度は躁うつ気質の者のまさに正反対である。彼らは自分の内面に閉じこもる。過敏な者にとっては、現実の世界は耐えがたく、ひっそりと自己の世界に逃避する。鈍感な者の示す内閉性は周囲に対する情緒的共感が欠如しているためである。周りのことの中で興味を引くものは少なく、感情を動かされることはまれである。

分裂気質の者も、他者との関係において善良であるといわれることがある。しかし、これは躁うつ気質の者の示す、いわば心の底からの親切さ、相手の喜びや悲しみに共感する積極的な好意とは異なっている。分裂気質の者の善良さというのは、内気と感情鈍麻の2つの要素が組み合わさって作られたものである。つまり、この中には他者に無関心であるために、他者の願望に自分をあわせ、他者の意志に反対することを恐れるという気持ちが含まれているのである。彼らは人間から逃れ、静かで傷つけられることのない世界、つまり書物や自然の中に親しみを求めるのである。彼らのもつデリケートなやさしさは美しい自然や遠い過去の世界に向かってそそがれるのである。

分裂気質の者の中には、ほとんど人と交際しない、変わり者といわれる者もいる。またごく限られた範囲の中だけで交際する者もいる。この人たちは洗練された雰囲気と話題を好む。分裂気質の者のもつこの貴族的な要素は、他者との間にある距離を維持しようとする態度となる。庶民的なものを極度に軽蔑し、自分と彼らとは違うのだということを強調する。

さらにまた、分裂気質の者の中には、他者と深い精神的結びつきをもたないで、表面的にだけ関わっていこうとする者もいる。あるいは、何の感動もなく、どんな種類の人とも交際できる人もいる。

分裂気質の者の感情表現は、まろやかかさに欠けており、のこぎりの歯のように鋭くとげとげしい。感情を率直に表すことがなく、ときには感情が内部に緊張となって残り、一気に爆発的に現れることがある。他者に対しては、しばしば全面的に傾倒するか、憎悪し敵視するか、あるいはまったく無関心であるかというように、二者択一的で中庸さに欠けている。

分裂気質の中で人一倍感受性が強く、感情的表現の乏しいタイプの者は、柔和で臆病な引っ込み思案といった表面の陰で、感受性に富んだ内面の精神生活が息づいている。そこには、ごく限られた人に対する細やかな愛情、人間愛の理想、熱烈な宗教心、詩的な空想などの傾向が現れ出ている。

現実生活では、繊細で傷つきやすい内面によって容易に脅威を感じやすい。そのとき、彼らは苦痛のない静かな自分自身の殻の中へ、ひそかに閉じこもる。

他方、これとは反対に強い感情表出と心理的衝動をもったタイプでは、現実世界と対決する。彼らの人生は理想主義者や情熱家として、悲劇的で悲壮感に満ちたものとなりやすい。自分を現実の世界に、何とか適応させようとする努力とその失敗の連続となる。彼らは自分本位の情熱をもって、何度も現実に体当たりしては、何度も傷つけられる。そして、その結果として、非現実的なもの、理想や抽象、美しいものと瞑想的思索への強い志向性をもち、限られた少数の人に対しては深い愛情を示すが、他の人には激しい嫌悪の感情を抱くようになる。

健常者の分裂気質の特徴

クレッチマーは、普通の人にみられる分裂気質の特徴として、「上品で感覚のデリケートな人」、「孤独な理想家」、「冷たい支配者」、「利己的な人」、「無味乾燥で鈍麻した人」などをあげている。

すでに述べたように、分裂気質の者は敏感さに特徴があるが、この敏感さは、ピリピリしていて神経質といったように表面に現れている場合もあるし、また何を考えているかわからないといったように、内面が、目立たなくて隠されていることもある。それは一種のおびえとしてとらえることができる。

一般的にみて、対人関係においても心理的距離の間合いが遠い。周囲の現実世界から距離を保つことによって、外界の脅威から身を守り、内面の安定と過ごしやすさを得ようとしている。人からみて、そのなじみにくさ、同調性の乏しさも、この間合いの遠さによるものである。

それは、身近な刺激に対して混乱をきたしやすく、偶然や突然の状況に弱い性格から考えれば、一種の性格防衛の様式ともいえる。自我の中心から遠く離れたところで、鋭敏におびえを感じ、対処していくことは、偶然や突然の状況からの危険を最小限に抑えようという努力なのである。

そのような理由で、分裂気質の者には、ぎこちなさが出てくる。将来の予測的対応能力などにすぐれていても、身近なことには弱い。そこで迷いから、ぎこちない態度が増幅され、情緒的不安を回避するために、性格防衛として情緒性そのものを抑制しようとする。そこでこのぎこちなさは表情の乏しさ、ドライで堅い態度や独特の思い込みとして外に表出されてくる。

それによって、自らの部分的な不適応が生じると、まず本を読みあさり、世界を解釈し、自己の存在を位置づけようとする。この努力が学問、芸術などの創造の中に現れれば、必然的に抽象的、論理的な世界へと向かう。

分裂気質の者は、よく考えてから動くが、いったん心を決めると他者の目や周囲からの影響に左右されず、目的へと向かう。そのプロセスにおける周りとの不調和には比較的無頓着である。

考え抜いた末、決意したことは自分にとって既定のことであり、他者の目を意識して感情的に動揺することは少ない。この態度が行動として一貫していても、全体にぎこちなさの印象を与えるもとになっているといえよう。

分裂気質の者の意志や行動は、表面的なぎこちなさはともかく、本質的に自己に基本をおいているのであって、他者との情緒的な触れあいには乏しい。

周囲との間合いをとり、情緒性を避けることによって心理的安定感を得ている以上、彼らの自己愛的幻想や空間的願望は、現実的環境からの影響を受けにくくしており、それが独得の思い込みとなっていく。それが周囲の目には、彼らのひとりよがり、曲解として映るようになる。つまり、分裂気質の者にとって重要なことは、周囲よりも自分自身にとっての自己完結性にあるのである。この自己完結性が創造的活動に現れれば、必然的に彼らを抽象的、論理的、整合的な世界へと導いていくのである。世俗的、具体的世界よりは、法則性で成り立つ思弁的世界のほうが、力を十分に発揮できるし、情緒的混乱を避けることが可能だからである。

分裂気質の者は、俗世間的なことには関心が薄く、他人は他人、自分は自分と割り切ってしまう冷たさがある。偏屈で融通がきかないので周囲にとけこむことが難しく、その意味で社会的適応性はよくない。人の気持ちをくんで、お世辞を言ったりすることが苦手で、ときどき思わず相手を傷つけるようなことを言ってしまう。また一面において、貴族的な繊細さをもち、現実の生活から遠く離れた夢幻的なものに憧れたりする。その一方で、決断がつかず情緒の表出も乏しく、気心の知れない、とらえがたい人という印象を与えることもある。

分裂気質の者は、人や社会の問題に対して、ときに鋭い観察をし、整然として筋の通った意見を述べるので、畏怖されたり、敬遠されることも多い。友人は少ないが、そのことをあまり苦にしない。一般には無愛想であるが、決められたことはきちんとやる。あまり人の関心をもたないことに熱中したり、きわめて優雅な動作をみせることもある。

分裂気質の者は、夫として父親として気の向いたときに気の向いたことはするが、普段は概して無口で気難しく、何を考えているのかよくわからないという印象を与える。また非常にやさしいこともあれば、無愛想で横柄なこともある。

概して自己中心的で、妻や子どもの立場を考えない。本来悪気があってこのようにしているのではないから、この人はこういう人だと理解してしまえば扱い方も楽だが、そのようになるまでが大変である。

職場での分裂気質の者の示す観察や意見はときに非常に鋭く、論理的にも整然としている。分裂気質の者の中で、知的にすぐれている者は、後輩や同僚に鋭さとともにこわさを与える存在である。このような者は、ブレーンとして活躍し、会社の将来をどうしたらいいかという問題について、多くの資料を分析し、企画書を作るようなタイプである。

このような人は洗練された趣味とセンスをもち、その人の私生活に無遠慮に立ち入っていかない限り、淡々とした交際ができる。味方につけておけば頼もしいが、いったん敵に回したらこわいと感じさせるような雰囲気をもっている。このような分裂気質の人には、自然に誰とでもつきあえるという社交性はない。自分の世界がわかりそうな人とは話すが、そうでない人とはしゃべりたがらず、人の好みはかなり激しい。

分裂気質の人が上司になると、部下はいつも緊張し、ビクビクする。カミソリのようにきれる人という形容が、この人たちによくなされる。

分裂気質の人の中には、規律正しく冷淡で、人を支配し、人に命令するために生まれついているのではないかと思えるような人がいる。職業意識、階級意識が非常にはっきりしていて、名誉心が非常に強い。厳格すぎて偏狭であり、痛いところにふれられると、すぐに機嫌を悪くする。

分裂気質の人は、つきあいにくいと陰でいろいろ言われるが、仕事は間違いなくやるし、ときに整然と筋の通った正論を吐くし、気が向くとあの人がと、びっくりするほどの情熱と根気を傾けて1つのことに熱中するので、周りの者たちは多少敬遠しつつ、この人を遠くから見守っている。

分裂気質の人は、すでに述べたように概してやせている人が多い。書く文字は割合に小さく、ときに非常に読みにくい。分裂気質の人に適した仕事としては、書類や伝票類の整理をするような机の上での事務的な仕事がある。分裂気質の人には円満な協調性は期待できないが、与えられたことをコツコツとまじめにやるので、その点が高く評価されるのである。また厳正で形式主義的な点を活かして経理、人事関係の仕事や法規を扱う仕事にも適している。さらに、普通の人が考えつかないようなことを思いついたり、繊細な神経をもっているような場合には、企画を依頼したりＰＲの方法を考えてもらうのもいい。

分裂気質の人にもっとも向いていないのは、人を相手にする仕事である。外交、渉外、販売など相手の人の態度や考え方によって、こちらの話し方を変えたり、相手の心を理解し、そのうえでこちらの意図を実現するようにつとめるという仕事はあまり得意とするところではなく、むしろこのような場面ではトラブルを起こしやすい。使い方次第で、その能力がプラスにもマイナスにもなるのが分裂気質の人の特徴といえる。

躁うつ気質

躁うつ気質は爽快と憂うつを両極とする気分の割合があり、活発な軽躁型と不活発な抑うつ型とに分けられる。クレッチマーが躁うつ気質の特徴として、もっともよく認められるものとしたのは次のようなものである。

①　社交的、善良、親切、温厚、開放性、循環性。

②　明朗、ユーモアがある、活発、激しやすい、不注意。

③　無口、平静、気が重い、柔和、気が弱い。

①の諸特徴は躁うつ気質全般に認められるものである。開放的で明るく、人づきあいがよく、無邪気な善良さをもち、率直に感情を表現する。誰からも好かれ愛される。気持ちの中に暖かさと柔らかさをもっていて冷たく人を拒否することがない。これら

の特徴は気分の調子や精神的テンポとあまり関係なく、軽躁性の極から抑うつ性の極までみられるものである。

②の特徴は躁うつ気質の軽躁型の特徴を示すもので、気分が高揚して明るく、着想が次々とわき出て活動的である。

●軽躁型

軽躁型の者の長所としては旺盛な活動力、活発さ、愛すべき人柄、のびのびとした感覚、人の扱いが巧みな社交性、雄弁さなどがある。短所としては、軽薄さ、無思慮、気まぐれ、自己の過大評価などがある。

軽躁型の精神的テンポは速く、理解は敏速で驚くほど多くのことを同時に把握し、深刻なところは少ない。そのため、異質の仕事を並行して行うことができる。思考の流れは渋滞することなく、なめらかに進行するが、ときにその場の条件に支配され、また単純で無邪気なため正確な評価や整理の能力を欠き、首尾一貫した論理構成が失われることがある。多面的で具体的直観性にあふれ、しかも系統的構成力に欠けるという特徴は軽躁型の詩人や学者の創作物に現れている。

軽躁型は非常に活発で生気にあふれ、いつも高揚した気分で気負い立っている。秩序への反逆的傾向があり、外部からの強制や圧迫に反抗する。気分的には陽気の極にあって、精力的に活動し、自己中心的に行動する。

人間関係では、他者志向であっても周りに対する気配りより、自分勝手な支配性が目立つ。したがって常に自我拡大的であり、秩序への志向性はあっても束縛を嫌うために、その中に安住しきれないところがある。

●抑うつ型

③の特徴は躁うつ気質の抑うつ型の特徴を示すもので、沈うつな状態で、丸味のある重厚な感じ、おだやかでひねくれたところのない善良さをもっている。
抑うつ型の者は思慮深いが気が弱い。物事を重大に受けとめてしまうために指導者には向いていないが、職務を誠実に良心的にこなすことができる。おだやかで人づきあいがよいので、人々から愛され、尊敬されていて敵を作らない。しかし、この型の人が急に重い地位や不安定な立場におかれると、意気消沈して重い抑うつ状態に陥ることがある。

抑うつ型の精神的テンポは粘りや理論の一貫性に欠けている点では軽躁型と同じであるが、そのテンポは単純で常に緩慢である。動作は控えめで思考に時間がかかり、決断が遅い。

抑うつ型の者は口が重く、積極的に自分から働きかけることは少ないが、話しかけられればニコニコと静かに答え、人なつっこそうな微笑を浮かべる。また、非常に気のめいった状態になっても、人をつき放すような硬い冷たさはなく、気持ちのうえでやさしさを失わない。

抑うつ型の特徴はまじめで正直、仕事熱心で責任感が強く、周りからの信頼も厚い。自分の仕事に対する要求水準が高く、周到に整理整頓し、勤勉、良心的で生活ぶりも堅実である。仕事は正確に果たすが、より綿密さを期すため、几帳面さと仕事量との板ばさみになって悩んだりする。

対人関係では他人志向で、周囲によく気を配る。臆病なほど慎重にふるまい、摩擦やいざこざを避けようとする。むしろ自分が折れることによって、周囲の雰囲気を損なわないよう心を配る。「人のために」というのが人間関係の基調になっていて、身近な人の存在の中に、自分自身の存在の支えを見つけ出そうとする。厳しい倫理観と自分に対する要求水準の高さは、道徳的な自責傾向や罪悪感を生じやすくしている。

この型の者は、家庭内の権威的人物（父親など）の期待に応えようとする形で、勤勉、几帳面、良心的といった態度的機能を取り入れ、ひそかに権威との一体化を図ろうとする傾向がある。

以上①から③までのそれぞれの特徴について述べてきたが、躁うつ気質の者は、基本的には②（軽躁型）と③（抑うつ型）の要素がいろいろな程度で混ざりあっている。つまり躁うつ気質の人は、単純に軽躁的であったり、あるいは抑うつ的であったりするのではなく、多くは軽躁型の者の中に、いくぶん抑うつ性気分がひそんでいるものであり、また抑うつ型の者の中に、多少のユーモアの要素がひそんでいるのである。クレッチマーは、躁うつ気質の中に、軽躁的要素と抑うつ的要素が混合している割合を気分素因性の比率とよんでいる。

躁うつ気質の者は、軽躁に傾く者と、抑うつに傾く者に分けられるが、同じ人が2つの特徴を幾分かずつでももち、またときに軽躁に傾いたり、またときに抑うつに傾いたりすることもある。このことは、その人の感情状態に波があるという形で、周りの人に気付かれる。たとえば、張り切って仕事を続けていたのに、ある時期から、これといった理由もないのに、おとなしく沈んだ気分になってしまう。過ぎてしまったことをくよくよ考えて後悔したり、人に言ってしまったことを思い出して悪いことをしてしまったと気にしたりするのである。

ところで、躁うつ気質の者はおだやかな感情生活をもっており、社会的態度は社交的で現実的であり、順応性がある。激しく興奮することはあるが、自我と外界との厳しい対立はなくあらゆる社会生活を受け入れる傾向が強い。

躁うつ気質の基本的特徴は、対人関係の面に重点がおかれており、環境を受け入れて、それに適応する傾向がある。つまり、環境に反抗することなく、いったん打ち立てた原則を正しいと固執し、いかなる犠牲を払っても環境を変革しなければならないということはないのである。躁うつ気質の者は、環境の中に生き、それと融合して同化し、環境と共存するのである。

躁うつ気質の者は、分裂気質の者のように複雑さや多様性はなく、比較的単純明快で、人に理解されやすい性格傾向にある。社交的で善良、親切で人がいい。人に親しまれ、冗談を理解し、ユーモアがある。人生をあるがままに受け取り、現在の気分にとけ込み、ただちに同調し共感する。行動は開放的であり、新しい仲間や環境によく順応することができる。

周囲の雰囲気に共感しやすいことから、現実的で適応性があり、自己と周囲との間には厳しい対立は存在しない。他人を攻撃したり、闘争したりすることより、むしろ仲間に囲まれ、共に生き、共に感じ、共に苦しむといった態度を選ぶ。クレッチマーが強調した躁うつ気質の最大の特徴は、人生を享受し、周囲の人々や環境に共感し、同調しながら生きていくといった態度である。たとえ気分的に落ち込んだ「うつ状態」のときでも、分裂気質の者ほど内閉的にはならないから、周りの状況によっては、すぐ明るくなることができるのである。

躁うつ気質の者は、分裂気質にみられるような脅威に対する「おびえ」といった不安の構造はない。彼らは世間になじみ、物事をことさら難しく考えず気楽に構えている。人間関係も円滑で、人柄もまるい。基本的には対象に依存し、愛する者と一体化したいという願望が強い。

常に対象を所有しようとし、それを喪失することを非常に恐れる。依存欲求や愛情欲求は、対象への所有欲求となり、自他の一体感への希求として表現される。同調性の根底にあるのはこの一体感への願望といってよい。したがって、躁うつ気質の者は、逆にいうと喪失体験に弱い。それは対象と一体化していた自分自身をも喪失することになるからである。

躁うつ気質の者がもっとも好むのは、世俗的ではあっても、やさしい豊かな感情に満ちた情緒の世界である。自他が一体化し、人情味にあふれた関係を求め続けている。したがって、抽象的、観念的な形式論理の世界や、単純化され機械的でドライな世界を好まない。

躁うつ気質の者は要領よく本音と建前、裏と表を使い分けるが、腹を割った本音の心情を告白しあうと、むしろその人物に対して安心感を抱き、それだけに正直で人がいいといいえる。

もう一つ大きな基本特性は他者志向性である。躁うつ気質の者は他者の存在による自他の一体感を通して、自己の存在の安定を得ているといえる。そこには常に他者が介在していて、他者の評価に敏感である。つまり人の目を意識しすぎるところがある。

周囲との調和をくずし、人の不評をかうことを非常に恐れるため、順応性はあるが、やや八方美人的になり、一貫性に乏しい行動がしばしば目につく。いつも他者とともにあるといった態度は、その分、自我拡散的となって自己を見失う可能性も大きい。そして個性の多様性を犠牲にして世間的な画一性の中に自分を埋没させてしまうようなことにもなってくる。社会的美徳とされる社交性、協調性、責任感、几帳面、積極性といった性格的特徴も、本来他人志向的な適応スタイルからきたものである。

躁うつ気質の者は、自分は「人のために、人とともにある」という姿勢をとることによって周囲へのひそかな依存欲求を満足させることを期待している。いわばギブアンドテイクの人間関係を望んでいるわけである。だから人をほめ、人からほめられるのを期待しているのである。

躁うつ気質の者の体格は全体に丸く、肥満型の者が多く、やせてギスギスした感じの者は少ない。文字もやや大きめで、とがった感じがなく、丸みをおびて、いかにも書きとばしているという感じである。

躁うつ気質の者には、自分と周囲との間に厳しい対立がなく、そのときそのときの環境の気分にとけ込み、仲間入りをすることができる。一定の方針を堅持し、他を是正しようとして、激しく攻撃を加えることもない。現実の環境に融合し、共感できるということが躁うつ気質の者の大きな特徴である。

躁うつ気質の者は、飽きっぽい、気分にむらがあるなどの短所もあるが、イライラした神経質、とげとげしい感じ、緊張しすぎた調子、冷やかな態度はない。

躁うつ気質の者は、生き生きした活動力、決断力、仕事に対する忠実さ、健全な常識性を兼ね備えている。各種の会合に積極的に出席して仕事を喜んで引き受ける。彼らのやる仕事は手際よく、妥協的でありながら言うべきことは断固として言い、常に現実的に物事を考えている。

社会的に大きな野心をもつこともあるが、より多くの者は安定した快い自信にひたり、自分の価値を自分の中に見出して、地位や名誉よりも活動感そのものを求めていることが多い。一般に人の扱い方がうまく、彼と話していると、つい本当のことを言ってしまうような人間的暖かみをもっている。

躁うつ気質の者の中で抑うつ型の者は、むっつりとして多くを語らず、社会的な野心は少ないが、誰からも好感をもたれ、誰とでもつきあっていける人物である。自分の力をあまり大きく評価せず、与えられた仕事を黙々と忠実につとめていくようなタイプである。

会社で躁うつ気質の者の適している仕事は、外交、渉外、営業といった対人関係がとくに重要とされる職種である。躁うつ気質の者のもつ人あたりのよさ、実行力が旺盛であるという点では秘書にも適性がある。いろいろな訪問客を接待し、用件を聞いて上司のスケジュールを作っていくような仕事は得意とするところである。また、面倒くさがらずに気安くふるまえるという点や、親分肌で統率力のある点を高く評価して、労務、人事といった仕事にも適性がある。

一般に、躁うつ気質の者の中には、実業家、ジャーナリスト、政治家、臨床医師として成功する者が比較的多い。

躁うつ気質の者は、社会的適応性が高いので大抵のことはこなすが、あまり緻密な、しかも書類上だけの仕事は得意ではない。また、飽きやすかったり、つい領域外のことまで調子にのってやってしまうので、トラブルを起こすこともある。

粘着気質の特徴

粘着気質はてんかん気質ともいわれ、粘着性と爆発性の両極をもった性格構造であるが、その基本的特徴は以下のようなものである。

① 粘着性、根気強い、頑固、几帳面、融通性がない、秩序を好む。
② バカ正直、まわりくどい、のみこみが悪い、視野が狭い。
③ 怒りやすい、爆発性、残忍性。

粘着気質の人の特徴は、対象密着性の強い、しかも融通性に乏しい粘着的感情にある。細かいことにこだわり、頑固で秩序や伝統を堅く守ろうとする。

彼らの感情は、集中し圧縮され粘り強い。外界の対象に密着していて、環境の変化に適応して環境から離れることが難しい。また、人と同調することが非常に困難なので、彼らは好んでその粘着的な感情を対象に固定させる。ここに秩序に対する愛着が生まれる。一方、多くの人に愛情を向けることができないので、家庭、会社、国といった集団に愛情を集中させる。

人間関係においては、個人的なニュアンスは少なく、むしろ道徳的評価が優位を占める。変化や新しい事物にはあまり興味をもたず、永続するもの、安定したものを愛する。それに精神的テンポも遅いので、ますます外部からの刺激に反応することが少なくなり、活動もしだいに停滞してくる。

この状態は、今にも爆発しそうな嵐の前のような雰囲気を作りあげていく。そして、普段はおとなしいのに突然爆発的に怒り、自己の正当性をかたくなに主張する。また、相手に非難、攻撃して非常に興奮することもある。

粘着気質の者は、対象密着性が強く、外界の事物に集中して濃密な感情エネルギーを向けるため、執拗で徹底的であり几帳面である。この几帳面さは、いわば即物的、自己完結的な性質をもっている。とくに緻密な手仕事への愛着傾向があり、手間のかかる細工物などを丹念に仕上げるといった即物的な几帳面さが目立つのである。

思考は直観的、感覚的判断に傾きがちであり、観念的、論理的、統合的な思考方法は苦手である。そのため、ものの考え方や理解の仕方が遅く、思考や説明が細かすぎて、まわりくどい傾向がみられる。人間関係のうえでも、特定の人物に執着し、柔軟性に欠けるなど不器用なほうである。

粘着気質の人は、感覚的な対象とともに現在に執着する。過去や未来より、生きている「いま」この瞬間が大事なのである。彼らの時間体験は、毎日毎日の積重ねとしてとらえられる。したがって、いまもっている目標を捨てないで徹底的に粘り抜く。几帳面で、始めたら1つのことに熱中する。つまり凝り性で、細かいことに集中し、集中するから視野も狭くなり、柔軟性にも乏しくなるのである。

粘着気質の者の体格は肩幅が広く、首が太くがっしりとしていて闘士型といわれる。筋肉と骨格が発達していて、顔立ちも概して角ばっている。

粘着気質は文字通り、粘っこい性格であり、1つのことに熱中しやすく、几帳面で凝り性である。約束や規則は正直に守り、義理がたく、また人に対する態度はきわめて礼儀正しい。机の引出しなどはきちんと整理され、手紙の返事を忘れることもなく、会合には定刻に姿をみせる。

習慣を重んじ、突飛な行いをしたり、奇抜な服装をしたりすることもない。他人、とくに目上の者に対しては、いんぎんで丁寧であり、自分自身も修養して精神的に向上することを心がけている。まじめな人物として、皆から信頼されている。

粘り強くてやり始めたことは最後までやり通す。少しずつ少しずつ努力を重ねてついに目標に到達するという態度をもっている。しかし他面、頑固で自分の考えを変えようとしない。また軽快さがなく、話の仕方がまわりくどくて要領が悪い。誠実で信頼できるが、つきあってみておもしろい人ではない。

粘着気質の人は仕事を手早くやることは苦手であるが誠実で綿密である。一般に物事を堅苦しく考えてしまって融通性に乏しい。不正直なことやずるいことを非常に嫌う。さっぱりしたところがなく、執念深いといった特徴がみられる。

粘着気質のもう一つの特徴は、爆発的に怒るということである。普段は、おとなしく忍耐強い。肉体的な苦痛にもよく耐えるし、他人からいろいろ悪口などを言われてもよく我慢する。ところが、これがある程度以上に達すると、ちょうどこらえにこらえていたエネルギーが爆発するように激しく怒り、自分の正当性をかたくなに主張する。しかし、普段は物腰の丁寧な、まじめな人だけに、なぜあんなに興奮して怒るのだろうと、周りの者がびっくりするほどである。

粘着気質の人は、夫としてはまことに安心のできる人である。軌道を外すこともないし、非常識なことも少ない。しかし、他面、頑固で自分の意志を曲げようとしないので、ときに独善的になることもある。妻との間が意外にしっくりいっていないのは、この型の人に非常に頑固な面があり、自分の正当性を信じて、それを押し通そうとするからである。

職場での粘着気質の人の行動は、仕事が着実で手堅く、他人に対する節度を失わないので、確実に業績を上げていき、しばしば模範社員として表彰される。

几帳面さ、粘り強さ、誠実さを活かして、根気のいる仕事や1つの企画を推進したり拡大したりする仕事、あるいは総務や経理関係の仕事に向いている。また厳正な生活態度から、正確さをとくに必要とする仕事にも向いているといえよう。

クレッチマーのタイプ論の問題点

クレッチマーは最初、肥満型と細長型という2つの体格から、それぞれの気質を導いてきた。そして、粘着気質と結びつくような体格、つまり闘士型を、肥満型と細長型の中間において、この中間体型の気質である粘着気質を独立なものとは認めなかった。後になって、粘着気質を1つの類型としてたてるようになったために、形式的には3つの体格に3つの気質が相関するという考えが確立した。しかし、気質体系としては混乱が生じてくる結果となり、そこにいろいろな批判がもたらされることになった。

気質だけの面からみれば、クレッチマーのタイプ論の価値は、躁うつ気質における軽躁型と抑うつ型を軸とする感情の動揺、そして分裂気質における敏感と鈍感を軸とする感情の動揺との対立にある。

これら3つの気質のうち、躁うつ気質と分裂気質については、その後の実験研究などによって、両者がほぼ対称的な傾向を示すことが認められた（**表2**）。しかし、粘着気質は精神病と体格との関係がもっとも明瞭でなかったこととも関連して、タイプとしてはあまり研究されていない。

表２●クレッチマーのタイプ論に関する実験研究

特　徴	躁うつ気質	分裂気質
個人的テンポ	の ろ い。	速　い。
作業の仕方	一様でない。	一　様。
疲　労	徐々に現れる。	急に現れる。
形 ー 色	色 視 者。	形 視 者。
把握範囲	大 き い。	小 さ い。
注意作業	量的によい。全体に注意を配る。	質的によい。個々のものに集中。
精神内の緊張	すぐに変化。	いつまでも続く。
転換能力	転換しやすい。	転換しにくい。
態　度		
a．対象に対して	対象化が速い。	対象化はゆっくりしている。
b．新しい状況において	初期興奮が弱い。	初期興奮が強い。
c．興奮すると	爆 発 的。	おさえる。
d．課題に対して	やさしいものから始める。	難しいものから始める。

（Rohracher, H., *Klein Charakterkunde*, 1956）

なお、クレッチマーが体格をとりあげたことが、彼の理論が誤解された誘因となったことは否めない。しかし、クレッチマーの真意は、気質の背後に生理的基礎としての体質を想定し、体格も気質と同様に体質によって規定されると考えられることから、結果的には気質と体格が対応関係をもつという意味であると考えられる。したがって、両者の関係は体格によって気質が決定されるとか、その反対といった因果関係を意味するものではなく、相関関係を意味するものであると考えるのが妥当である。体格は年齢や栄養状態などによっても変わるものであるから、その場合、気質も同じように変化するのかどうかという点が、クレッチマーの理論の問題点である。

クレッチマーのタイプ論は、精神病者から正常の者までを包括する雄大な理論で、具体的に人を理解するときに、きわめて有用である。しかし、性格の生物学的基礎を重視するため、性格を固定的、静態的なものと考えやすく、性格形成に及ぼす環境的要因があまりにも考慮されていないといえよう。

シェルドンのタイプ論

内胚葉型・中胚葉型・外胚葉型

シェルドン（Sheldon, W.H.）は1899年にアメリカに生まれ、正常者を対象にして、体格の測定をもとに性格との関連について研究した。

シェルドンはクレッチマーの影響を受けたといわれるが、クレッチマーのように精神病と体格との関連から出発したものではなく、一般正常人の誰にでも対象として適用できる方法を確立した。

シェルドンはまず、人間の行動は生物学的要因が決定的な意義をもつと考え、それらの要因は体格の測定からとらえることができると確信した。

シェルドンは18歳から21歳までの大学生、約4000名について身体の前・横・後の三方から一定の写真をとり、その写真の分析から、体格には3つの基本的成分があることを見出した。それらの成分は、胎生期にみられる胚葉の3つの部分のうち、どの部分がもっともよく発達したかによって定まると考えた。それら3つの体格をそれぞれ内胚葉型、中胚葉型、外胚葉型とよんだ。

内胚葉型というのは、内胚葉から発生した消化器官系の発達がよく、身体は柔らかで丸く肥満の体格である。しかし、筋肉の発達はあまりよくない。食物に対する関心が非常に強く、身体の比重が他の型に比べて小さいという特徴をもっている。

中胚葉型というのは、中胚葉から発生した骨格や筋肉の発達がよく、直線的で重量感のある体格である。皮膚が厚く、血管、ことに動脈が太い。活動的で力が強く、他の型に比べて身体の比重が大きい。

外胚葉型というのは、外胚葉から発生した神経系統、感覚器官、皮膚組織の発達はよいが、消化器官や筋肉の発達はよくない。身体は細長く虚弱な体格である。また感覚が鋭敏で疲労しやすい体質である。

これらの3つの成分は、それぞれ1～7までの7段階に評価され、内胚葉型、中胚葉型、外胚葉型の順序で数字化される。たとえば7－1－1は典型的な内胚葉型であり、1－7－1は典型的な中胚葉型である。また4－4－4であれば、いずれの型でもない平

表３●体格と気質の相関

体格＼気質		内臓緊張型	身体緊張型	頭脳緊張型
内胚葉型	(200例)	+0.79	−0.29	−0.32
中胚葉型	(200例)	−0.23	+0.82	−0.58
外胚葉型	(200例)	−0.41	−0.52	+0.83

相関係数は２つの変数間の相互関係を表す統計的指標で、数値が＋１に近いほど関連があり、−１に近いほど逆の関連があることを示している。

(Sheldon, W.H. & Stevens, S.S., *The varieties of temperament*, 1942)

均型、中間型の体格ということになる。

気質については、文献から６５０の気質的特性用語を集めた。そして33人の男子学生について、1年間の観察と20回の面接を行い、生育歴、病歴、また特殊なテストによる資料を集め、各人がどのような特性をどの程度の強さでもっているか７段階に評定した。そして、評定の相関分析から内臓緊張型、身体緊張型、頭脳緊張型と名づけた３つの基本成分を見出した。

３種の体格と３種の気質の型との関係を２００例について調べたところ、内胚葉型と内臓緊張型の間に０・７９、中胚葉型と身体緊張型との間に０・８２、外胚葉型と頭脳緊張型の間に０・８３の相関係数が見出された。また体格においてたとえば２−３−５と評価されれば、気質においても２−

3−5となるのが自然であって、両者がくい違うことは、ほとんどなく、両者が大きくくい違う場合は、その人が非行少年であったり精神病者であったりする可能性が高いという。

以上のことは、体格と気質が共通の生物学的要因をもっていることを物語っている（**表3**）。

シェルドンは、3つの気質類型に対して、代表的な特性をそれぞれ20項目ずつ取り上げ、判断の基準とした。

次に3つの気質類型、内臓緊張型、身体緊張型、頭脳緊張型のそれぞれ20項目について取り上げる。

内臓緊張型の20の特徴

① 姿勢や動作のくつろぎ、あるいは弛緩。
② 体の安楽を好むこと。
③ のろい反応。
④ 食事の愛好。

⑤食事の社会化。
⑥消化力があり消化を楽しむ。
⑦丁重な礼儀の愛好。
⑧社交好き。
⑨わけへだてのない親切さ。
⑩愛情と賛同を求める。
⑪人間に対する見当の確かさ。
⑫感情の流れがむらのないこと。
⑬寛容。
⑭やすらかな充足。
⑮深い眠り。
⑯しまりがないという性質。
⑰感情の自由な伝達。
⑱アルコールの入ったときの弛緩。
⑲困ったときに人を求める。
⑳幼児期や家族関係への志向。

内臓緊張型は社交的で寛容であり、感情の表出が自由で自然である。落ち着いており、思慮深く、行動は常識的である。また習慣の形成はきわめて容易である。

身体緊張型の20の特徴

①姿勢や動作が断固としている。
②体の冒険を好む。
③エネルギッシュな性格。
④運動を必要とし、それを楽しむ。
⑤支配を好み、権力を求める。
⑥危険とチャンスを好む。
⑦態度の大胆率直さ。
⑧闘争に対する身体的勇気。
⑨負けず嫌いで、でしゃばり。
⑩精神的に無感覚。
⑪閉所恐怖。
⑫情け容赦のない性質。
⑬抑制をもたぬ声。

⑭苦痛に対するスパルタ的無頓着。
⑮騒々しい。
⑯みかけは、ふけすぎている。
⑰外向的性格。
⑱アルコールが入ると鼻柱が強くなる。
⑲困ったときには行動する。
⑳青春の目標や活動に対する志向。

身体緊張型は、食事は頻繁ではないが、一度に多く食べる。現実的で内省的な洞察力に欠ける。スポーツを好み、それをずっと続ける。習慣が一度形成されると固定し、また精神的にも融通性に欠けるところがある。心身ともに強靭《じん》で、神経症など心理的障害を起こすことはほとんどない。

頭脳緊張型の20の特徴

①姿勢や動作にみられる抑制。
②生理的な反応過剰。

③ 速すぎる反応。
④ 私的生活を愛する。
⑤ 精神の過度の緊張、過度の注意力。
⑥ 感情をあらわに出さないこと。
⑦ 目と顔の自意識的な動き方。
⑧ 社交嫌い。
⑨ 対人的な話しかけにみられる抑制。
⑩ 習慣化、日常化に抵抗を示す。
⑪ 広所恐怖。
⑫ 態度や感情の予測不能。
⑬ 声の抑制。
⑭ 苦痛に対する過度の敏感さ。
⑮ 習慣的な睡眠不良、慢性の疲労。
⑯ ふるまいと外観の若々しさ。
⑰ 内向的性格。
⑱ アルコール、麻痺剤に対する抵抗。
⑲ 困ったときには孤独を求める。

⑳ 人生の後の時期に対する志向。

頭脳緊張型は、大脳の抑制機能が著しく神経過敏である。あまり多く神経を使いすぎるため神経症になりやすい。眠りになかなか入れず、眠っても眠りが浅く、夢をみることが多い。習慣の形成が困難で、日常的なことが円滑に行えないことがある。また自意識過剰で他人を意識しすぎる傾向がある。

シェルドンのタイプ論は、比率構成型の評定尺度で数量的には連続的なものであるので、厳密にはタイプとはいいがたい面を残している。しかし、臨床的方法が基礎となっており、一般にはタイプ論の一つと考えられている。

シェルドンのこの気質によるタイプ論の価値は体格との相関よりも、日常的な直感的洞察による、情、意、知という人間のタイプを、科学的な操作のうえにのせて、正常人の水準で気質的に構成したことにあるといえるであろう。

シェルドンの研究は、個人の構造と機能、すなわち、身体と行動の特徴の間に連続性があるということを実証したといえる。しかし、一定の体格をもつものが、一定の反応の仕方をとりやすいとしても、なぜそうなるかについては明らかにしていない点が十分な研究とはいいがたい面を残しているといえよう。

ユングのタイプ論

ユングの基本的考え方

ユング（Jung, C.G.）は、1875年に、スイスに生まれ、バーゼル大学の医学部を卒業して精神科医となった。

精神科医となったユングは、はじめブルグヘルツリ精神病院で精神病の患者をみた。この病院で彼はブロイラー（Bleuler, E.）の指導を受けた。

ユングは、1907年に「早発性痴呆の心理」の論文を発表し、これによって彼は広くヨーロッパの精神医学界に認められることになった。以前からフロイト（Freud, S.）を尊敬していたユングは、この論文をフロイトに送り、彼に会った。そのときから6年間親密な交際が続き、2人は手紙を交換しあって、互いに考えを発展させた。

この2人の親密な交際は1913年に終わった。ユングが38歳のときである。この原因は非常に複雑で、理論的対立ばかりでなく個人的な要因、さらにけっして先駆者の真似をしないというスイス人の国民性も関与していた。

ユングはフロイトとの別れをきっかけとして、それまで関わっていたチューリッヒ大学の講師もやめ、それ以来、研究も読書もできない期間が数年続いたといわれている。

彼はその後回復し、1921年に『心理学的タイプ』を発表した。この本の中で彼は、フロイトとアドラー（Adler, A.）を自分の心理学の理論の中に位置づけ、しかも自我とその内・外界に対する機能を厳密に定義し、位置づけた。この『心理学的タイプ』は、ユング自身の心の問題の解決であったと同時に、彼独自の心理学の確立をめざしている。

ユングは言語連想検査を創始し、コンプレックスという言葉を、現在使用されているような意味で初めて使った。彼の心理学はコンプレックス心理学ともよばれ、ユングはフロイトと別れてからフロイトの精神分析と区別して、自分の心理学を分析心理学と称した。

彼の研究はヒステリーに始まり、精神分裂病に至った。大学をやめてからは開業医となり、外来の診療に専念したので、入院を必要とする重度の精神分裂病者はあまりみていない。彼の患者は人生の前半において成功し、中年になって適応に失敗したり、神経症や病的な状態になった人が多いといわれている。したがって、彼の心理学は人格の統合性の心理学が主であった。それは自我を中心とした統合性ではなく、自我と自己の2つを中心とした統合性の心理学であり、人生の後半の心理の理解に役立つものである。

ところで、ユングが彼の性格類型論を着想した原点は何であったかというと、フロイトとアドラーとの神経症の原因をめぐっての考え方の根本的な相違に直面して、それらをどのように統合するかという問であった。

それは、不安発作とぜん息発作に悩む婦人の神経症に対して、フロイトは彼のリビドー理論とエディプス理論から「この患者のノイローゼの内容と原因は、父親への空想的な幼児性愛的関係と、夫への愛情との間の葛藤である」とし、アドラーは、彼の権力衝動理論から「彼女のノイローゼは、彼女の何が何でも人の上に立ちたいという無意識の中の権力衝動が、その目的を達成するための手段として選んだものである」としたことによるものである。ユングは、この2人の説はそれぞれに詳しい説明を聞けば聞くほど、いずれも真実である可能性が高いと思ったが、しかし、同一の症例で、まったく異なった2つの理論が同時に成り立つということがあり得るだろうかという疑問が出発点であった。

ユングの見出した結論は非常にユニークなものであった。それは「ノイローゼには、2つの相反する面がある」という考えであり、その各々が2人の医師によってとらえられたと結論づけた。しかし、この2人はどの患者に対しても、やはり同じ観点から診断してしまい、自分の考えこそ唯一正しい説であると信じ込んでいることにユングは気づいた。

そしてユングは「これら2人の医師は、自分たちの心理的特性（性格傾向、考え方）から彼らの特性にあう面のみをみてとっているからだ」としたのである。つまり、フロイトは「重大な客体への関係のうちに」、アドラーは「主体との関係のうちに」みる見方をとる傾向があるとして、ユングは前者を「外向型」、後者を「内向型」としたのであった。

ユングは「人間には相異なる2つのタイプがあって、一方はむしろ客体（外界）に興味をもち、他方はむしろ主体（自己自身あるいは内界）に興味をもつのではないか」と考え、次のような結論に到達した。

「私は長年この問題を考えてみて、最後に多くの観察や経験にもとづいて、2つの根本態度ないしは対応態度、すなわち内向型と外向型というものをたててみようという気になった。正常の場合、前者の特色は、「ちゅうちょ」、「反省」、「引っ込み思案」、「容易に胸襟を開かぬ」、「人見知りをする」、「いつも受け身の姿勢でいる」、「自分を陰のほうにおいて周囲を疑い深く観察する」などである。後者は正常の場合、「迎合的」、「一見打ち解けた」、「気さくな態度」をその特徴とし、どんな状況にも容易に適応し、すぐ周囲と関係を結び、くよくよせずに、少し考えたらよさそうなのに考えもせず、自信たっぷりで未知の状況へ飛び込んでいくという人である。前者にあっては、明らかに主体が決定的であり、後者にあっては、客体が決定的である」（『無意識の心理』）。これがユングの性格タイプ論の原点だったのである。

外向型・内向型

以上の点を考慮しながら、ユングの外向型、内向型のタイプ論について考えてみる。

ある個人が外向的であるか内向的であるかというとき、一般の心理学的モデルでい

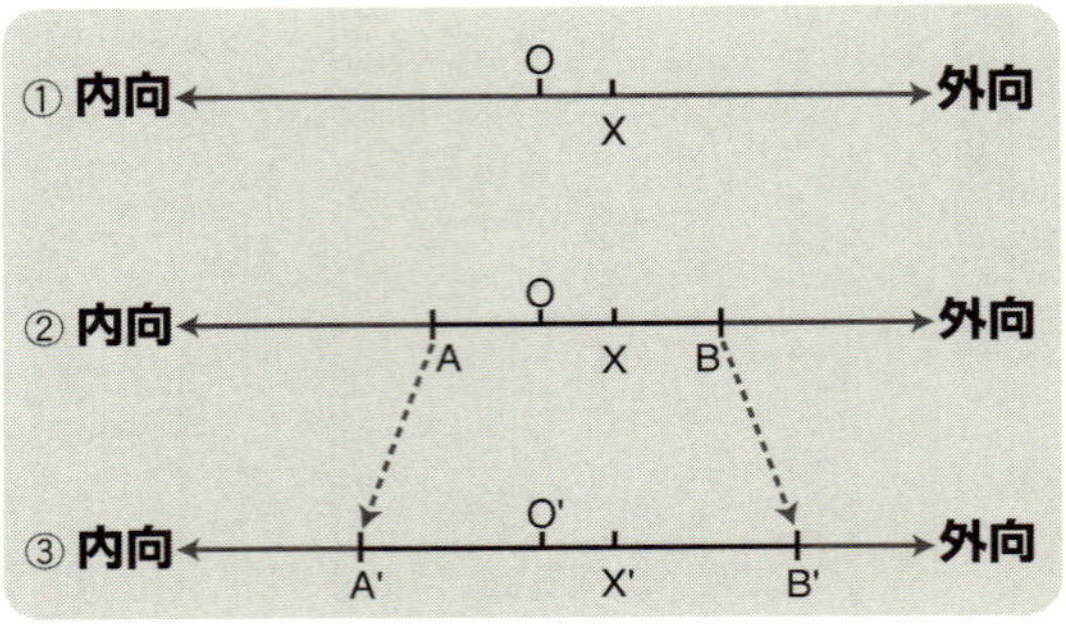

図2●内向―外向のモデル

(Jung, C. G., *Psychologische Typen*, 1921)

えば、**図2**の最上段①に示すように、Ｏを中心として、外向と内向との逆方向に伸びる直線上の１点に個人が位置づけられる。つまり、点Ｘのように示され、その人の外向の度合は線分ＯＸで示される。もし、その人が内向であればＯより左側の１点で示されることになる。

しかし、ユングのモデルでは、ある個人は外向性も内向性もある程度もっているので、それは確かに点Ｘによっても、外向型の人として代表することができるが、点よりは線分ＡＢによって示すほうが妥当になってくる。つまり、この人は内向性がＯＡであり、外向性がＯＢだけあり、ＯＢ―ＯＡ＝ＯＸとなって、Ｘがそれを代表する点となっている。ところで、この人が以前よりも内向性を発展させ、ＯＡは③に示されるようなＯ′Ａ′にまで伸び、それに応じて外向性もある程度発展してOBよりO′B′に変化したとする。すると、この人の人格は、もし線分で表すならば、ABよりA′B′に変化して、文字通り「幅の広い」人格となったことが一目瞭然である。しかし、点で示すならば、③のX′は②のXと同一の点にあり、何ら変化していないということになる。つまり、ユングによれば、人は誰でも外向的要素と内向的要素のいずれももっているということである。

ユングは外向型、内向型という態度類型とともに、精神の主な機能として、思考、感情、感覚、直観の4つを考え、この4つの機能類型と、外向型、内向型という態度類型を組み合わせて、後に述べる8つのタイプを考えた。

すでに述べたように、ユングは態度類型としての外向型、内向型以外に、機能類型としての思考、感情、感覚、直観をあげている。

これら4つのうち、思考と感情は理性的な判断機能であり、合理的機能である。一方、感覚と直観は感性的な広義の知覚機能であり、非合理的機能である。

人がものを見るとき、それがどのような形や色や肌ざわりをしているかを知ることを感覚という。そのものの美醜や善悪を理性的に感じ分けることを感情といい、それがどういう性質のものであるかを考えることを思考という。さらにそのものの中に含まれている意味や可能性をひらめきによって感じとることを直観という。

4つの機能は意識の一般的態度、外向、内向に結びつくので、実際は8つの機能、つまり外向的思考、外向的感情、外向的感覚、外向的直観、内向的思考、内向的感情、内向的感覚、内向的直観に分けられる。

思考と感情、感覚と直観、判断と知覚はそれぞれ互いに相反する性質をもっているので、4つの機能を同じように発達させることは難しい。自我の発達の過程では、4つのうち、どれか1つが強化され優位になることが多い。たとえば、思考が発達すると感情の発達は抑制され、また判断機能が優位になると知覚機能である感覚と直観も抑制される。この場合、思考を主機能とよび、もっとも抑圧される感情が劣等機能であり、大抵無意識になっている。感覚と直観は劣等機能ほど抑圧されず、思考の働きを助けるので補助機能とよばれる。

人はほとんど主機能を1つにしているので、主機能の特徴によって、すでに述べた8つのタイプに分けられる。同じタイプの人は互いに理解しやすく、劣等機能をもつ相手は苦手であり、コンプレックスを感じたり、トラブルを起こしやすくなったりする。

ところでユングは、タイプと個性化とを結びつけている。個性化というのは、とくに劣等機能を含め、自我の全体的な統合性を高めていくことである。

ユングは内向、外向などの態度類型を問題にするときに、意識的態度と無意識的態度というものを考える。今までタイプについて述べてきたことは、ある個人の意識的態度に関するものであり、ある人が外向的感情型であるとすると、その人の意識的態度、普通の状態のときに認められる態度が外向的感情型であることを意味する。この人を観察していると、外向的感情型の人らしく、他の人々に対して気持ちよく接し、好感を与えることが認められるであろう。ところが、そのような普段の状態にもかかわらず、ときとして、その人が相手の気持ちをまったく考えない自分勝手な意見を述べたり、周囲が気まずくなるのも構わず何かの考えに固執したりすることが認められるであろう。後者の場合が、ユングのいう無意識的態度であり、何らかの理由で、その人の意識のコントロールが弱まったときに、突然そのような面が出てくるのである。

ところでユングはタイプ論を考えるにあたって、人間の意識と無意識が相補的関係にあることにも注目した。そのような相補性があるために、人間の心はうまくバランスがとれていると考えた。このような点に注目して、彼は意識と無意識を含めた人間の心の全体性ということを重視するようになり、それが彼の中核となっているが、そのような考えを明確にしたものとして、彼のタイプ論は意味をもっているのである。

ユングはもともと、人間を分類したり、類型化したりすることには興味がなかった。彼はただひたすらに、「ある人が、ある人を了解しようとするとき、自分と違ったタイプの人間をどうしたら理解できるか」のテーマを追究していたのである。彼が見出した理論は、臨床場面におけるクライエントを了解することのみでなく、教育場面における各々の生徒の了解にも、また、広く人間一般のお互いの理解のためにも、非常に重要な視点を与えてくれる考え方である。

外向型の特徴

外向型の人は、対象の要求に直接適応するように思考し、感じ、また行動する。つまり、自分の考えよりも対象のほうが大きな役割を果たしている。もちろん自分の意見はもっているのであるが、それよりも外的条件の力のほうが強く作用するのである。外部から強く影響を受けるので、彼のすべての意識は外部に向けられる。他の人間、物への興味、注意力も客観的な出来事にもとづいてなされ、行動も明らかに対象との関係においてなされる。外向型の人は、客観的に与えられた可能性以上の要求をもたず、与えられた関係に比較的スムーズに適応できる。

外向型の人にとって問題なのは、一般に対象の中に入り込みすぎ、自分自身をその中で見失うことである。自己の力の過大評価、思考の飛躍、根拠のない楽観主義、自己肥大などが外向型の者によくみられる。外向型の者は、たえずその対象のために自分を投げ出し、対象と自己との同化を試みている。

いいかえれば、外向型の者は、外部の刺激に影響を受けやすい傾向があり、外界に関心をもち、常に外界の要求に応じて外界との調和を試みているのである。

次に外向型の特徴について、行動面、対人関係、思考面、感情面の4つの面から考えてみる。

外向型の行動面の特徴

① 考えるよりも行動することを優先する。
② 新しい未知の世界に気軽に飛び込んでいける。
③ 活動的で動作が速く、きびきびしている。

④決断が速く、実行力がある。
⑤慎重さに欠け、失敗しやすい。
⑥おおざっぱで注意力が足りない。
⑦熱しやすく、さめやすい。
⑧新しい仕事や環境にも、すぐ慣れて順応していく。
⑨精力的で独立心が強い。
⑩調子にのると、あちこちに手や口をはさむ。

外向型の対人関係での特徴

①開放的で人見知りせず、初対面の人とでもすぐ親しくなる。
②交際範囲が広く社交的である。
③親切で人の面倒見がいい。
④統率力、指導力がある。
⑤新しい友人を次々と作る。
⑥世話好きでお節介やきである。
⑦明るく楽しく人と関わる。
⑧常識的で気難しくない。

⑨よくはしゃぎ冗談を言う。
⑩受容的で共感しやすい。
⑪素直で涙もろい。
⑫おだてに弱く、またお人好しでもある。
⑬人を楽しませることが上手である。

外向型の思考面の特徴

①行動してから考える。
②慎重さに欠け、深く考えない。
③関心と注意は身近な環境に向けられる。
④他人の生活や考え方に影響を受けやすい。
⑤保守的で常識的である。
⑥自分独自の考えや、確固たる信念がない。
⑦計画性が乏しく、思いついたら行動する。
⑧人やマスコミなどから暗示を受けやすい。

外向型の感情面の特徴

① 感情や情緒の表出が活発である。
② 喜怒哀楽が激しい。
③ 明るく陽気であることが多い。
④ 強気でしかも気が短い。
⑤ 劣等感はあまり感じない。
⑥ 人によく同情し、共感する。
⑦ あっさりしていて、あきらめも早い。
⑧ 移り気で飽きやすい。

内向型の特徴

内向型の人は、行動と知覚の間にいつも自分の考えを入れ、自分の行動が対象に左右されることを防いでいる。内向型の人の意識は、もちろん環境の諸条件に向けられているが、主観的要因が決定的なものとして働いている。

周りの意見に対して妥協することは少なく、自分の周りを安全な垣根で囲ってしまう。それは環境の対象に対してある程度の恐怖心をもち、その影響を受けることを拒んでいるのである。

内向型の人の判断は冷静で変わりにくい。彼の表面的態度は人目をひくことを避けて、ぎこちなく、気が小さい印象を与える。しかし、ときに権威的にふるまい、抑制がきかなくなることもある。

また周りの者に対しては調和のある地味な態度や好感を与えるおだやかさを示す。この周りに対して控えめな態度にもかかわらず、内向型の者の内部には、非常に強い感情があり、それが心の奥深くに広がっている。

内向型の者は、自分自身に関心を集中させ、自己の内界に価値を認めている。そのため、外界に対しては関心が薄く、外界に対して否定的態度をとろうとする傾向がある。そのため、外界の変化になかなか適応できないという点が認められる。

次に内向型の特徴について、行動面、対人関係、思考面、感情面の4つの面から考えてみる。

内向型の行動面の特徴

①何事もやる前に考える（行動より思考を優先している）。

②新しい事態への適応に時間がかかる。
③控えめで自信のない態度をみせる。
④失敗を非常に恐れる。
⑤思慮深いが実行力に欠ける。
⑥動作や話し方が遅い。
⑦忍耐力があり、きちんと仕事をする。
⑧集中性があり、中途半端に終わることは少ない。
⑨物事に凝り固まりやすい。
⑩辛抱強く、粘り強い。

内向型の対人関係の特徴

①交友関係が限られていて範囲が狭い。
②自分が先に立って行うより、他人に従うことが多い。
③他人との関わりが少ない仕事を好む。
④非社交的で閉鎖的な面がある。
⑤口数が少なく目立たない。
⑥他人に批判的で冷たい印象を与える。

⑦気がきかなく融通性に欠ける。
⑧付和雷同しない。
⑨多くの人と気軽につきあうことが苦手である。

内向型の思考面での特徴

①まず考えてから行動し、また考える。
②関心は自分の内部に向けられ、環境をあまり意識しない。
③理論的分析を好む。
④思慮深い。
⑤大事なことをするときは、主観的価値を基本にする。
⑥成功より失敗したときのことを先に考える。
⑦自己反省が強く慎重である。
⑧自分の考えをもっているが、人にはあまり言わない。
⑨考えていることが外からわかりにくい。

内向型の感情面での特徴

①激しい情熱家だが、内に秘めていて顔には出さない。

②気分の変化が少ない。
③内気で心配性である。
④気難しい面がある。
⑤感情の表出は控えめである。
⑥敏感でしかも冷静である。
⑦感情をよくコントロールできる。
⑧自分に対する他人の意見や批判には敏感で、感情を傷つけられやすい。
⑨心の底からはしゃぐことはしない。
⑩他人に対する共感性が乏しい。

外向型と内向型をまとめてみると、次のようになる。

外向型の者は親切な態度を示し、開放的、積極的で状況によく適応する。人と接することをいとわず、悩むことも少ない。あまり熟考しないが、新しい状況にも信頼して物おじしない。それに対して内向型の者は、ためらいがちで、内省的、引きこもりがちであり、自分の周囲のものを恐れる。そのため、何事にも、防衛的になりやすい。

4つの機能類型（思考・感情、感覚・直観）

ユングは、人間の性格類型として、習慣となった構えとしての「外向型」と「内向型」という2つのタイプを取り出したが、さらに一歩進めて、4つの「心理的（基本）機能」をも取り出している。

ユングは心理的機能を「状況が変わっても、原則として変わらない一定の心の活動形式、つまりリビドー（精神的エネルギー）の発現形式のことをいう」（『タイプ論』）としている。

ユングはこのリビドーの発現形式としての「機能」をさらに2つに分けて考え、一方を「合理的機能」、他方を「非合理的機能」とした。つまり、「合理的機能」とは、「思考」と「感情」の機能であり、これが「合理的」とよばれるのは、思考はもちろんのことであるが、感情も「好き」ないし「嫌い」の合理的な「判断」にもとづいて決められるからであるという。

もう一方の「非合理的機能」とは、「直観」と「感覚」である。ここでいう「非合理的」とは、ユングによれば、「この概念は、理性に反するという意味ではなく、理性の外にある、つまり理性では説明できない」という意味で用いている（理性に反するという意味では不合理という言葉がある）。

これは、きちんと方向づけをもった機能としての「思考」や「感情」と異なり、非合理的機能は、合理的には相容れない「偶然」による出来事を「そのまま」、「絶対的に」知覚する心理的機能としての「直観」と「感覚」が含まれている。

ところで、私たちは日常の暮らしの中で、いつも選択に迫られて生活している。物事を判断し、行動を起こすとき、これらの心理的機能によって決定している。

頭で論理的に考えて行動するか、または感情で選択するかは、物事の判断の仕方に深く関係する。その場合、思考と感情は、互いに関連しあいながらも対立している。論理的に思考する人は、物事の判断の仕方が客観的で、感情を抑えて合理的に考える。感情的な人は、理屈よりも人の気持ちや自分の好き嫌いの感情にもとづいた判断を大切にする。

また、直観と感覚の働きも対称的であるが、これらは物事の見方、感じ方に関係する機能で、直観タイプは物事の本質をとらえたり、目前のことよりも、将来の可能性といった抽象的な理念に関心をもち、インスピレーションやひらめきでそれをつかんでいる。感覚タイプは、経験を通し、客観的事実をありのまま現実的に受けとめ、それが実際に役立つかどうかを重視している。

ユングはこれらの心理的機能のうち、どれが優勢かによって外向型と内向型がそれぞれ4つのタイプに分かれるとした。これがユングの導き出した人間の性格のタイプの8タイプである。

次にユングによる4つの心理的機能について説明する。

思考機能の特徴

思考機能は、自分の選択や行動の結果を論理的に考えて結論を導こうとする機能である。そのため、対象から距離をおいて、客観的に物事をとらえたり、その因果関係を分析することで理解しようとする。それは客観的な基準にもとづく真理の追究や原理原則を重視し、問題点を明確にして、その解決をはかろうとするものである。

思考型の者の具体的な特徴は以下の通りである。

①理屈にあうかどうか、正しいか、正しくないかで物事を判断する。
②他人の出す結論に対して疑問をもち、批判的にみる。
③自分の論理に対立する感情はおさえる。

④ 合理的に割り切れない人間関係よりも、客観的な物事に興味をもつ。
⑤ 他人の言動にすぐ反応を示すが、すぐには同調しない。
⑥ 物事を論理的に秩序づけ、システム化することを好み、冷静に判断する。
⑦ 他人の感情にはあまり注意を払わない。
⑧ 言動はそっけなく事務的で、他人の気持ちをそれとは知らず傷つけることがある。
⑨ 意志が強く、社交よりも実務的な実行力にすぐれている。

感情機能の特徴

感情機能は、自分や他者にとって大切なことを考慮に入れて結論を導こうとする機能である。そのため、対象と同じところに立って、当事者として物事をとらえたり、相手の立場に立って理解しようとする。それは、調和を大切にし、物事や人をまず受けとめ、他者を理解したり援助しようとすることである。

感情型の者の具体的な特徴は以下の通りである。

① 理屈よりも気持ちを大切にする。
② 好きか嫌いか、人がどう思うかによって判断する。

③ 気分や感情を害する論理的思考はおさえつけ、受け入れない。
④ 客観的な物事よりも、主観的な人間関係に興味をもつ。
⑤ 無味乾燥な論理より、現実的な人間的価値を重視する。
⑥ 社交的で、親しい人であろうとなかろうと、そっけない態度はとれない。
⑦ 人をほめ、また人からほめられることを好む。
⑧ 周りの人の意見に同調しやすい他人志向型である。
⑨ 人の好みや感情によって決定が左右されやすい。
⑩ 人情家で感情の動きが活発である。

直観機能の特徴

直観機能は、物事の全体像から、関係性やつながりに着目して情報を取り入れる機能である。そのため、物事のパターンを把握し、イメージや可能性あるいは新しい方法をとらえようとすることが多い。

直観型の者の具体的な特徴は以下の通りである。

① 現在の状況より将来の可能性に強い関心をもつ。

②常に新しいチャンスを求め、夢にチャレンジする。
③直観力にすぐれ、理解の速さとスピード処理を得意とする。
④想像力に富み、発想が豊かで独創的である。
⑤現状を改善することに関心が強く、何か企画することが好きである。
⑥問題の本質を直観して、すばやく結論を出す。

感覚機能の特徴

感覚機能は、実際に起きていることをとらえるために、視覚、聴覚などの五感を通じて情報を取り入れる機能である。そのため、実際に今起きていることに着目したり、1つ1つを積み重ねて、事実を把握しようとすることが多い。

感覚型の者の具体的な特徴は以下の通りである。

①他人の言葉や意見より、自分の体験を尊重し、信頼する。
②想像より五感による印象を大切にする。
③一般に保守的で堅実である。
④将来のために、現在の楽しみを犠牲にするようなことはしない。

⑤新しいやり方より、すでに経験した手慣れた方法を好む。
⑥インスピレーションを感じても信用せず、体験に則して結論を出す。
⑦事実をよく観察し、見誤ることは少ない。
⑧他人に対する好奇心が強く、人のすることを見たがったり、やりたがったりする。

以上が4つの心理的機能であるが、この心理的機能が性格に及ぼす重要性を提起したユングの「適応仮説」は、その後の性格心理学の適応理論に大きな影響を与えた。しかし、その心理的機能を基本とした性格のタイプ論は、性格テストあるいはその他の実用的な面では発展しなかった。

とくに、精神医学的な分野ではクレッチマーのタイプ論による実証的研究が主流となって発展し、ユングは研究レベルで論議されるだけで、その実用面での研究はクレッチマーほどの進展はみられなかった。

ところが、アメリカのブリッグズ（Briggs, K）とマイヤーズ（Myers, I.）は、このユングのタイプ論を徹底的に研究し、壮大で精緻な体系にまとめあげた。そして、その修正理論を実証的に証明し、精巧なＭＢＴＩ（Myers & Briggs Type Indicator）として完成させた。

現在、このMBTIは、アメリカばかりでなく、世界の主な国々で、幅広く使われている。

8つの基本的性格のタイプ

ユングは、すでに述べた「外向型」、「内向型」という基本的構えとしての性格のタイプと4つの心理的機能を組み合わせて、次の8つの性格のタイプを提出した。

それらは①外向的思考タイプ、②内向的思考タイプ、③外向的感情タイプ、④内向的感情タイプ、⑤外向的感覚タイプ、⑥内向的感覚タイプ、⑦外向的直観タイプ、⑧内向的直観タイプの8つのタイプである。

①外向的思考タイプの特徴

このタイプは本来、判断的態度を選び、自分の決断によってかなり強引に行動する。分析的、客観的に物事をみて、論理的に考えた結論にもとづいて、自分自身と他人の行動を規制しようとする。環境を組織し、調整したりすることが得意である。能率の悪いこと、中途半端で目標の決まらない無駄なことを嫌い、計画的に物事を進める。
外向的思考タイプというのは、自分自身に関することよりも、客観的な事実を重要視して、それにもとづいて筋道をたてて考えるタイプの人で、たとえば、いろいろなことを組織したり、うまく構成したりすることが上手である。

このタイプの人はいろいろな知識を集めることが好きで、それを上手に頭の中で組み立てているから物知りであり、そのうえに積極的な行動力があるから、実力主義の現代社会では非常に有利である。複雑にからみあった状況に出会っても、すぐ大事なポイントを発見して、ズバリと意見を発表する。

このタイプの人は情報を消化して、自分の頭の中にきちんと整理してしまっておかないと気がすまない。それだけに情報を求められると、非常に要領のよい答えをするので、どこでも大事にされる。

このタイプの人は、理想とか主義などという抽象的なことは、どちらかというと苦手である。平和とか慈善とか正義などという概念に対しては、あまり考えないし、また考えたとしても、まったく単純で、複雑な問題にはふれようとしない。

外向的思考タイプは、社会で成功している、あるいはこれから成功する可能性が十分ある。しかし、自分の感情を表現することがもっとも苦手である。このタイプの人は、心の底に、深い静かな感情を秘めているが、自分でもそれに気がつかないことが多いし、それはほとんど表に出てくることがないので、周りの人にもわからない。

外向的思考タイプの人のもっとも弱い心理的機能は感情であり、態度は内向的である。したがって、その正反対のタイプは、内向的感情タイプである。このような外向的思考タイプの特徴をまとめてみると次のようになる。

① 事実や他人から借りた考え方など、客観的データをもとにする。
② 経験による事実を頼りにし、抽象的観念を実体のないもの、重要でないものとみなす。
③ 思考する人間や思考そのものより、決定的な事実のほうに価値をおき、それを健全とみなす。
④ 目標は実際的な問題の解決、事実の発見と分類、一般に認められている考え方の批判と再検討、計画立案などである。
⑤ 具体的な事例の細部にこだわり、事実をたくさん集めようとする。

②内向的思考タイプの特徴

分析的な思考をするため、論理的、批判的で、合理的な考え方以外は信用しない理論派である。

外に対しては、おとなしく控えめで超然とした態度をとる。親しい人以外には比較的冷淡である。内に向かってはじめてその真価を発揮し、ものそのものより、その背後にある原理に思考の焦点を絞り、目前の問題やその分析に熱中する。外部環境にわずらわされることなく、心の中に何か1つの目的を定め、その実現のために自分の感情をおさえて、辛抱強く努力する。したがって、観念的思索の世界から、日常の雑事へと思考を切り換えるのが難しい。

内向的思考タイプの人は、考える対象が外の客観的事実ではなくて、自分自身に向かっているから、一見してまったく違う感じを与える。このタイプこそ、理想や主義をかかげる人たちである。外的な情勢がどうであろうと、あくまで自分の理想を押し通し、主義を主張する。このタイプの人は、外的な事実を分析したり、整理したりするのではなくて、自分の心の中に浮かびあがってくる考えを、筋道をたてて追うのが得意である。

また最初は具体的な事実の研究からはじまっても、必ずその事実に対する自分の考えを確かめるというように、自分自身に戻っていく。つまり、新しい事実の発見よりも、新しい考え方の発見のほうが大事なのであって、事実のほうは、その証明に必要であるにすぎない。

内向的思考タイプの特徴は、一度自分でこうだと考えたら、なかなか変えないことであって、思考は深遠で独創的であるけれども、自分の考えに自信をもつあまり、少しぐらい事実を変えても、自分の理念にあてはめようとし、ときには客観的事実をまったく無視してしまうことである。そこで、このタイプの人は、冷淡、強引、わがままなどという印象を他人に与えてしまう。

このタイプの人は、現実に対処する能力に欠けているので、社会的にはあまり成功しないことが多いが、ゆっくり時間をかけてつきあうと、実におもしろい独創的な考えをもっている人たちである。

さらにこのタイプの人は、思考面での外的情勢の判断や、内的着想の整理は得意だが、感情面での判断や整理の能力はかなり低い。それは、感情面での常識が発達していないからである。

このタイプの弱点は感情であって、その正反対のタイプは外向的感情タイプである。
このような内向的思考タイプの特徴をまとめると次のようになる。

①抽象的観念に頼り、主に観念の具体的証拠として事実を重視する。
②自分の抽象的能力、固有の経験に価値をおき、それを健全とみなす。
③目標は、問題を定式化し、理解し、展望を開き、洞察力を発揮して、最終的には、いかに外的事実が観念や理論と一致するかを確かめることである。
④無関係のものを排除して、具体例の類似性に注目する。
⑤事実を無理に観念と一致させ、観念を支持するような事実しか選ばないという危険性がある。

③外向的感情タイプの特徴

対人関係対応能力にすぐれており、何よりも協調的な人間関係を重視し、友好的で機転がきき、思いやりのある社交家である。人の長所を取り上げ、人をほめるのがうまい。自分に対する人の評価に敏感で、他人の期待に添いたいと思っている。

あまりにも他人の見方ばかり気にするため、自分の立場すら見失ってしまうような、お人よしな面がある。言動は人との接触によって活性化され、精神的にも高揚しやすい。

外向的感情タイプの人は、周囲の状況をよく理解して、他人とよい人間関係を保つことが得意である。このタイプの人は社交が上手で、誰とでも気軽につきあう。他人に対する判断が的確で、長所も短所もすぐ見抜き、それにあわせてつきあうから、友人も多い。また、このタイプの人は、自分のことよりも、他人を喜ばせることが好きで、そのためには多少自分が犠牲になることなどかまわない。

このタイプの人は友人が多いから、たいていの場合、いろいろな場面で相手が見つかり、いつも社交的で楽しい人となることができる。また、楽観的であって、普通はあまり理屈を言わず、世間的に有名な人を素直に尊敬し、友人にやさしく、常識があって、つきあいやすい人である。さらに、保守的で世間のしきたりや伝統を尊重し、上手に世の中を渡っていける人である。

このタイプの人はまた、将来のことはあまり考えない。それよりも現在の友人との交際や、そのときの楽しい雰囲気のほうが大切であって、その中から何かを築きあげようと試みる。またいろいろなグループ活動に参加して、その中で献身的に活躍する。

このタイプの弱点は思考であって、その正反対のタイプは内向的思考タイプである。
このような外向的感情タイプの特徴をまとめてみると次のようになる。

①客観的要因によって決まるので、どのような場合でも、その感情は手にとるようにわかる。
②感情は自分を客観的な状況に適応させようとする。
③模範や習慣、周囲のしきたりに完全に依存する。
④他人との気安い協調的、情緒的な関係の形成と維持を目標とする。
⑤気軽に自己を表現し、他人と打ちとけあい、同じような感情を互いにかきたて、暖かい同情と理解を示す。

④内向的感情タイプの特徴

何よりも自分の内面的な感情生活の調和とバランスに重点をおいている。暖かい心と情熱を秘めているが、相手をよく知るまで自分をあかさない。何かの問題が内面の感情と対立すると、外部に順応することをやめる。

思い込んだ仕事や事柄は、人一倍よくやる。独自のものをもっていて、他の人には不可能と思えるようなことをやりとげる。しかも、それは世に並ぶものなき偉業となることも多い。

判断は他人に左右されず、自分の内部基準に従い、しばしば理想主義的になる。信念に忠実で、自分の信じることに献身できるタイプである。

内向的感情タイプの人は、感情を主機能として生きているけれども、その感情がなかなか表面に現れない。このタイプの人は、心の中にはっきりと好き嫌いの判断をもっていて、自分の心の中に描いたイメージに忠実である。

このタイプの人は、口数が少なく、もの静かで、どこか神秘的な感じがする。また落ち着いた重みのある説得力をもっている。また、自分の感情的判断には確信があり、相手をイライラさせない。

このタイプの人は、感情面には実にすばらしい判断力をもち、本当に心のやさしい人であるけれども、その感情の表し方が下手なので、相手は無視されてしまったような感じを受ける。人と静かに仲よく一緒にいるのならよいけれども、とくに外からの情緒的な接近や干渉を好まない。

このタイプの人は、感情面でまったく他にとらわれず、伝統や時代の影響も受けない。このタイプの人はまた、自分自身の感情以外のいかなる制約も受けないし、良心や行動の自由をもち、外からは動かないようにみえても、その人自身は勇敢で、独自性のある行動をとる。

性格的には理想主義で、倫理的であって、いわゆる几帳面でまじめな人間である。

このタイプの弱点は思考であって、その正反対のタイプは外向的思考タイプである。このような内向的感情タイプの特徴をまとめると次のようになる。

①感情は単に受け入れがたいものを除外、排斥することによって、客観的な状況を個人に適応させようとする。
②愛、愛国心、忠誠心のような感情に訴える抽象的な理想を信頼する。
③自分自身とその内的な豊かさ、判断力や抽象化能力に価値をおく。
④内的な深い感情の強化と保護、そして、できるかぎり外的行動から離れ、内的観念を実現することが目標である。
⑤感情をうまく表現できないため、無関心なのだと思われ、理解されないこともある。

⑤ 外向的感覚タイプの特徴

自分の経験を尊重し、現実を容認する。なりゆきまかせであるが、変化に対する適応性があり、自分ばかりでなく他人にも寛容である。具体的事実を大切にし、経験から多くのことを学んでいる。一般に保守的な現実派で、あるがままの状態を好んでいる。生活の知恵にすぐれ、物質的所有に価値をおき、それを手に入れて楽しんでいる。生活をエンジョイする能力にすぐれ、自分の住む世界を居心地よく感じ、あらゆることに飛び込んでいくタイプである。

外向的感覚タイプの人は、現実の人やものに対して、具体的に、また実際に身体的な感覚で感じとることが得意な人である。このタイプの人の感覚は、しばしば正確であって、周りのものをすばやく観察し、頭の中にきざみこんでしまう。また概して、ものに対してすぐれた感覚をもち、また色や形によいセンスをもっている。

このタイプの人には、思考も抽象的すぎて、具体的な事実と離れるような気がしてあまり好ましくない。理論は意味のないものであって、真実は具体的な事実の観察にある。理論は、それぞれの人の考えや、時代の移り変わりによって変わるものだと考えているが、事実は絶対に変わらないと考えている。

このタイプの人は、物事の合理性にはとらわれないから、その点では自由で奔放な印象を与える。しかし、実際には現実的で、物事にとらわれやすいので、はたでみるほど自由で奔放でもなく、意外に堅実で観察力に富んでいる。しかし、直観的な想像力は未熟な面があり、部分にこだわり総合的な判断力には欠けている。

このタイプの弱点は、直観であって、その正反対のタイプは内向的直観タイプである。このような外向的感覚タイプの特徴をまとめると以下のようになる。

① 主観的印象よりも、感覚的対象のほうに価値をおく。主観的印象というものには、ほとんど気づかないことが多い。
② ものを写真のように見る。印象は具体的な現実の一つであり、それ以上のものではない。
③ 具体的な楽しみを求め、一瞬キラリと光る存在の輝きをつかみとるが、それ以上のものではない。
④ 注意力はもっとも強い刺激によって釘づけされ、それがいつも興味の中心となる。そのため、人生は偶然の外的出来事で完全に満たされているようにみえる。
⑤ 享楽を志向する外的自我を発達させ、不消化の経験と、未解釈の事実に関する混沌とした知識でいっぱいである。

⑥内向的感覚タイプの特徴

内向型のうちでももっとも実際的タイプで、義務をよくわきまえ、現実的見解をもっている。忍耐力は人一倍強く、徹底集中主義である。単調で息の長い仕事にも適応できる。精神が安定していて落ち着きがあり、いったん仕事に集中すると、なかなか止まらない。感受性も強く、周りに対して生き生きとした反応をみせるが、はしゃいだりはしない。この外見の平静な落ち着きと裏腹に、きわめて個性的であって、他人からみてよくわからない面がある。これは感受性が内部へ深く沈んでいくからである。

内向的感覚タイプの人は、何事をするにも、ゆっくりした感じを与えるが、実はそうではない。ただ反応が遅く現れるのであって気のきいた冗談を聞いても、その場ですぐには笑わない人である。

また一般には、自分から積極的に周囲の印象を語ったり、自分の感じを発表したりはしないので、どちらかというと静かで、受動的であるか、あるいは理想的で自分を抑制しているようにみえる。

ユングによれば、このタイプの人は他人の攻撃や支配欲の犠牲になりやすい。普通はそれを我慢して、おとなしい感じを与えるが、とんでもないところで反抗心や頑固さを発揮する。

内向的感覚タイプの人の弱点は、直観であって、それも現実の物事を対象とする直観であるから、直観によって自分の現実的な将来を見通すことができない。

このタイプと正反対のタイプは外向的直観タイプである。このような内向的感覚タイプの特徴をまとめると次のようになる。

① 客観的存在そのものより、対象から得た主観的印象に価値をおく。客観的存在にはほとんど気をつかわない。
② 観念を求め物理的世界の表面よりも、その背後をとらえようとする。
③ 内的な関心によって完全に導かれながら非常に選択的に注意力を発揮するので、どのような外的刺激が注意力をとらえるかを予測するのは不可能である。
④ 極端にかたよった個人の内的自我を発達させ、他の人とは違ったように物事をながめ、非常に不合理に思われることもある。
⑤ 無口で、とっつきにくく、人と交われない人間になりやすい。

⑦外向的直観タイプの特徴

独創的、個性的でいつも何か新しい計画を立てていないと気がすまない。何よりも直観を重視し、あらゆるチャンスと可能性を見逃さないよう身構えている。

決まりきった単調な仕事を嫌い、ひらめきの瞬発力によって動いている。仕事にスピードがあり、客観的条件が悪くても、それによって逆にふるいたち、解決をめざして精力的に進む。多才で指導力があり、創造的なアイデアにあふれており、しかも情熱的である。

外向的直観タイプの人は、総合的なカンを最高の状態で使うために、周囲の対象を詳しくみない。なるべく部分的な観察を避け、いつも全体の状況をつかもうとする。そのために、すばやく情勢を察知することにすぐれている。またゆっくりと腰を落ち着けて、物事を観察し、感じ、味わってする真の創造にはあまり向いていない。

このタイプの人は1つの考えにとりついて、それがゆっくりと熟してくるのを待つことができない。次から次へとアイデアがうかび、考えが飛躍して落ち着いていられない。

このタイプの人は、自分で仕事を始めても、それが完成するまで待つことができない。すぐに飽きてしまって次のものに移る。また感覚が発達していないので、ものを見たり感じたりすることが不得手である。

このタイプの人は、全体の雰囲気から、瞬間的にいろいろな要素を把握して決定をくだすのである。この決定は明らかに無意識または潜在意識の働きが加わっている。

このタイプの弱点は感覚である。またその正反対のタイプは内向的感覚タイプである。このような外向的直観タイプの特徴をまとめると以下のようになる。

①新たな可能性を求めて、いつも外部に目を向け、その可能性を発見したら他のすべてを犠牲にしてもよいと考えている。
②芸術家肌で、科学者、技術者、起業家の素質もあり、社交的で冒険心に富む。
③ごく自然に、気軽に自己を表現できる。
④新しいことをくわだてることに最大の価値をおく。
⑤バランスをとるために、判断力を発達させることが必要である。それは直観を実際に活かすためにも必要なのである。

⑧内向的直観タイプの特徴

可能性のビジョンが直観によって決まる。きわめて個性的であり、新しい仕事を開発することに興味をもっている。直観を必要としない単調で平凡な仕事には不満を感じる。

頑固なほどに意志が強く、その気にならないかぎり、何事にも興味を示さない。非常に強い独自性と、自分の規律を大切にしている。

このタイプの最大の能力は、直観から直接ひらめくインスピレーションによって発揮される。洞察力、創造力、独創性、創意工夫、そして将来の可能性を見通す力がある。しかし、論理的な展望と整合性を欠く場合もある。

内向的直観タイプの人は、カンがよく、将来の見通しや新しい可能性がよくみえる。しかし、そのカンは外の世界には向けられず、心の内に向かっている。

このタイプの人は、倫理や道徳とはあまり関係がなく、また美的な感覚も普通とは違って独得なものがある。彼の直観は、現実的なものとは一致しないで、象徴的であり、話す言葉はあまりにも主観的で、他の人にはなかなか理解できない。また世間の人々を納得させるような合理的な根拠や構成に乏しい。

このタイプの人は、まったく感覚がないというわけではないが、非常に狭く限定されていて、そのためにかえって強く、しかもときどき消えたり、また突然現れたりする。

このタイプの弱点は感覚である。またその正反対のタイプは外向的感覚タイプである。このような内向的直観タイプの特徴をまとめると次のようになる。

①外部からの衝動を受け入れるが、けっして外的可能性のとりこになることはない。
②人生を新しい視点から見直している。
③芸術、科学、宗教など、どんな分野においても創造的である。
④自己をどう表現してよいかわからない。
⑤生きる意味の解釈と、理解力の向上に最大の価値をおく。

ル・センヌのタイプ論

ル・センヌ（Le Senne, R.）はフランスを代表する性格心理学者で、ソルボンヌ大学の教授をつとめた後、1954年に亡くなっている。

その後彼の考えを受けついで、発展させている研究者が多数いて、ル・センヌ学派といわれている。ル・センヌ学派の中心人物はベルジェ（Berger, G.）で、ル・センヌの性格構造論を発展させている。またル・センヌ学派では、不定期ではあるが「性格学（La caractérologie）」という機関雑誌まで発行している。

ル・センヌの性格学

ル・センヌは1920年代に、オランダの心理学者ハイマンス（Heymans, G.）と精神医学者ウィルスマ（Wiersma, E.）からグロニンゲン学派の性格研究を知る機会を得た。

そして彼はその具体的な多数の事例にもとづく性格分類の方法の正確さと明解さにひかれ、グロニンゲン学派の業績をフランスに紹介した。そして、1945年に、ル・センヌ学派の法典といわれる『性格学概論』を出版した。

ル・センヌは『性格学概論』の中で、ハイマンスとウィルスマの性格学の全貌を紹介し、それにもとづいて、性格学の基本構想を明らかにした。ル・センヌは本来哲学者であったので、心理学的方法論も不十分であり、当初は一般の心理学者からの評価は必ずしもよくはなかった。

現在では、ル・センヌ学派の人々によって因子分析など統計的な方法を用いて要因を決定する研究も行われている。しかし、基本的にはル・センヌ学派の特徴として、文学的、哲学的あるいは思弁的色彩が濃いということは否定できない。

ハイマンスとウィルスマの研究

すでに述べたように、ル・センヌの性格学は、ハイマンスとウィルスマの性格学を発展させたものであるので、ここでは、ハイマンスとウィルスマの研究について述べる。

ハイマンスとウィルスマは、オランダとドイツの医師、3000人に90問の質問紙を送り、家族のメンバーの行動特徴について評定するように求めた。その結果、約400の家族、計2523の事例が得られ、それらの事例について分析した。

また、ハイマンスは、オランダ、ドイツ、フランス、イギリス、アメリカなど各国の有名人、男子94人、女子16人、計110人の伝記を調べ、それをもとに質問紙に自ら回答を試みた。

ハイマンスらは、このようにして得た資料をもとに、次に述べる3つの性格の基本的特性である①情動性、②活動性、③表象の反響性を明らかにした。

①情動性

情動性というのは、環境によって認知や行動が影響される程度をいう。ハイマンスらは相対的に認知や行動に影響されやすい場合を情動性が高いとし、影響を受けにくい場合を情動性が低いとして、それを非情動性とよんだ。つまり情動性の高い低いは、心的エネルギーとして個人個人の生命の中に根本的に存在する基底的素質によるものであると考えたのである。

②活動性

活動性は、個人の本来の行動傾向にしたがって行動することを意味し、外界の刺激や障害に対する個人の態度、姿勢を意味する。

活動性が高いということは、自己の意のままに行動することであり、活動性が低いというのは、自己の意のままに行動できなかったり、あるいは自己の意に反して行動してしまうことをさしている。そのため、活動性が高い人は、外界の障害があっても、それを克服しようとする行動を示すが、活動性の低い人（非活動性の人）は、障害を克服できずに、障害によってくじけてしまうというものである。

③表象の反響性

表象の反響性というのは、個人の事象に対する反響の速い、遅い、つまり、個人の刺激に対する反応のスピードをいう。

表象の反響性には、1次性と2次性があり、反応が速く、すぐ消える場合が1次性で、反応が遅く、なかなか消えない場合が2次性である。

環境からの何らかの事象が個人に影響を与える場合に、その事象が生起したと同時に、あるいはその直後に、その事象の表象（イメージ）が意識に現れるときの効果が1次表象機能といわれる。そして、1次表象機能のすぐれた人は即座に対応でき、即興的人間であると考えられる。また、事象の表象が、すぐに現れないで、時間的、意識的に隔たったところに現れる効果を2次表象機能といい、2次的な機能のすぐれた人は、時間を越えて生きる人であると考えられる。

ハイマンスらの8つのタイプ

ハイマンスらは、この3つの基本的特性を組み合わせて、8つのタイプを作っている。それらは①情念質、②怒気質、③感傷質、④神経質、⑤粘液質、⑥多血質、⑦無感質、⑧無形質である。

①情念質

情念質は、情動性、活動性、2次性の3つの特性をもったタイプである。

情念質の人は、実行力のある権力に野心をもつ強い性格で、1つの目標に向けて自分の全情熱を注ぐことができる。また、秩序を重んじ、ときには禁欲主義者になる。さらに、世話好きで同情的である。

情念質の人物として、ナポレオン、パスカルなどがあげられている。

②怒 気 質

怒気質は、情動性、活動性、1次性の3つの特性をもったタイプである。

怒気質の人は、精力的で強い性格であり、外向的で多方面にわたった活動をし楽天的である。心から生活を愛し、表面的であるが、博愛主義でもあり、他人を信頼し、愛情が深いので、よき指導者、人気者である。またときには、大げさなふるまいをすることもある。

怒気質の人物としては、ユーゴーやジョルジュ・サンドなどがあげられている。

③感 傷 質

感傷質は、情動性、非活動性、2次性の3つの特性をもつたタイプである。

感傷質の人は、もっとも傷つきやすい性格で、内閉的、冥想的で夢想家であり、気が小さく、自分自身に不満をもっている。また、交際が不得手で人間嫌いになりやすい。環境の変化に対する適応性がよくなく、うまく適応できずに自殺することもある。

感傷質の人物としては、ルソー、ロベスピエールなどがあげられている。

④ **神経質**

神経質は、情動性、非活動性、1次性の3つの特性をもったタイプである。神経質の人は、気分が変化しやすく、自分に注意を向けようとする。また、新しいもの、珍しいものに興味、関心があり、生活に変化を求める。そのため、外界に刺激を求め、新奇、怪奇を追求する。ときには、放浪、冒険などもする。神経質の人物としては、ショパン、ハイネなどがあげられている。

⑤ **粘液質**

粘液質は、非情動性、活動性、2次性の3つの特性をもつタイプである。粘液質の人は、抽象的能力にすぐれ、法律や道徳を尊重する。節制し持続的で安定しており、用意周到でまじめである。また、秩序や習慣に従い、自分の主義を守る。気分の変化が少なく安定していて几帳面である。他人の自由を尊重し、正義感が強い。粘液質の人物としては、カント、フランクリンなどがあげられている。

⑥ **多血質**

多血質は、非活動性、活動性、1次性の3つの特性をもつタイプである。多血質の人は、外向的で誠実であり、実際的能力にすぐれている。精神は柔軟で、既成概念などにはこだわらない。話題が多く、理解力にもすぐれているが、一面、利己的でもある。

多血質の人物としては、モンテスキュー、タレイランなどがあげられている。

⑦無感質

無感質は、非情動性、非活動性、2次性の3つの特性をもつタイプである。

無感質の人は、無口で保守的、孤独を好み、習慣に固執する。他人に対しては消極的な態度をもっている。関心の幅が狭く、子どもや動物にも興味を示さない。

無感質の人物としては、ルイ16世があげられている。

⑧無形質

無形質は、非情動性、非活動性、1次性の3つの特性をもつタイプである。

無形質の人は、妥協的で寛大であるが、物事に対して無関心であることが多く、怠惰になりやすい。几帳面さに乏しく快楽を追求し、ルーズである。

無形質の人物としては、ラ・フォンテーヌがあげられている。

以上が、ハイマンスらが提唱した8つのタイプであるが、ル・センヌはハイマンスの性格学を解説しながら、これだけでは不完全であると考えた。そして、この不完全さを補うために、ル・センヌは、情動性、活動性、表象の反響性の3つの基本的特性に加えて、付加特性をあげている。

それらの付加特性は①意識野の幅、②分析的知能―総合的知能、③自己中心性―他者中心性、④優勢傾向（生理身体傾向の役割）、⑤精神構造の様態の5つである。

また、ル・センヌの弟子であるベルジェは、ル・センヌの『性格学概論』の5年後、1950年に『実用性格分析概論』を著した。その中で、ベルジェは、ハイマンスらの3つの基本特性に、2つの補助要因と4つの傾向要因を加えた。

2つの補助要因は、①意識野の幅（ル・センヌと同じもの）、②極性（対人関係におけるマルス型とビーナス型）である。また4つの傾向要因とは、①貪欲性（ル・センヌの自己中心性）、②感覚的興味、③慈愛（ル・センヌの他者中心性）、④知的情熱（知識欲、理解欲）である。

ル・センヌはその後、諸特性を整理して、最終的には6つの基本的特性を明らかにしている。それらは、①情動性―冷静、②活動性―無気力、③1次性―2次性、④意識野の広狭、⑤自己中心性―他者中心性、⑥知性とその諸形態である。

これらの6つの特性を組み合わせれば、64の類型ができるわけであるが、ル・センヌはそこまでは考えが及ばなかったようである。

＊本項は主に誠信書房『性格の理論（第2版）』（詫摩武俊編）の第17章「フランス学派」をもとに記述した。

モリスのタイプ論

記号論の研究者として知られる哲学者のモリス（Morris, C.）は、哲学史上に現れた主な哲人たちの生き方を分類して、そこに3つの基本的次元があるとした。

モリスの基本的な考え方は、シェルドン（Sheldon, W.H.）の3つの気質類型（内臓緊張型、身体緊張型、頭脳緊張型）と対比させながら、ディオニソス的要因、プロメテウス的要因、仏陀的要因の3つの人格を構成する要素を基本に考え、それらの要素の組合せから生き方に対する態度を説明している。

ディオニソス的要因（内臓緊張型に対応）

人生は楽しむべきものであって、欲求を満たされる対象があればそれに向かい、その時々の欲求のおもむくままに行動し、ありのままに環境を受け入れる生き方である。

プロメテウス的要因（身体緊張型に対応）

人間は自分の関心を満たすためには、その対象を操作し、外界を支配し変革するために活動的に行動することを重要視する生き方である。

仏陀的要因（頭脳緊張型に対応）

自分の欲求を抑圧することによって、自我を規制し、心のやすらぎを得ようとする傾向で、それは自制、孤独、瞑想に向かう生き方である。

モリスは、この3つの要因の組合せをもとに13の道（生き方）を提唱した。この13の道に対して、見田宗介は便宜上、次のような命名を試みているが、それぞれの生き方をとらえるうえできわめて有効である。

第1の道――中庸型
第2の道――達観型
第3の道――慈愛型
第4の道――享楽型

第5の道――協同型
第6の道――努力型
第7の道――多彩型
第8の道――安楽型
第9の道――受容型
第10の道――克己型
第11の道――瞑想型
第12の道――行動型
第13の道――奉仕型

モリスはこれらのタイプについて調査するために13項目からなるWays to Live Scale（生き方の尺度）を作成している。

ここでは、基本となる第1の道から第7の道の7つの生き方の尺度を紹介する。

それぞれの道（生き方）を特徴づける点は、1つの要因だけが独走的に優勢なことになるのではなく、それが他の要因との割合ですぐれていることにある。第1の道より、第7の道について、それぞれの生き方を構成する3つの要素の強さの順位は次のよう

表４●それぞれの生き方の尺度

	仏陀的要因	プロメテウス的要因	ディオニソス的要因	
第１の道（中庸型）	2	1	3	アポロ・孔子
第２の道（達観型）	1	2	3	仏　陀
第３の道（慈愛型）	1	3	2	キリスト
第４の道（享楽型）	2	3	1	ディオニソス
第５の道（協同型）	3	2	1	マホメット
第６の道（努力型）	3	1	2	プロメテウス
第７の道（多彩型）	2	2	2	マイトレーヤ

（Morris, C., *Paths of Life*, 1956）

である（**表4**）（数字はそれぞれの道に対する各要因の順位による重みづけである）。

次に第1の道から、第7の道までの7つのタイプについて具体的特徴を述べる。

第1の道——中庸型

この生き方では、個人は自分の住む地域社会の社会生活に積極的に参加する。しかしながら、それは自分の社会を根本的に変革するためではなくて、人類が到達できる最上のものを理解し、評価し、かつ維持するためである。行きすぎた情欲を避け、中庸であることが望ましい。また、人は人生の諸々のよきものを求めるが、それも秩序あるやり方で行われる。

人生に必要なものは、清澄さ、均衡、よき作法、統制などである。粗野、熱狂、理性なき行動、寛容でないこと、気ままなどは避けるべきである。友情は高く評価されるべきであるが、だからといって多くの人々とすぐに親密になることではない。人生には訓練、知性、よき作法、将来への見通しが必要だ。現在までに達成された人間の文化が失われないために、社会的変化は徐々に、しかも注意深く行われるべきである。個人は肉体的にも社会的にも活動的であるべきであるが、だからといって病的で過激なやり方はよくない。抑制や知性でもって、積極的生活をさらに秩序あるものとすべきである。

第2の道——達観型

生活の場におけるプライバシーを維持し、自分自身のために多くの時間をもち、自己の生活をコントロールするためにも、個人は大部分1人でことを行うべきである。自足感、うぬぼれ、反省と内省、自己を知ることなどが強調されるべきである。社会集団と親密な関係をもつことや、諸々の対象を物理的に操作したり、物理的環境をコントロールするくわだてなどに関心を向けるべきではない。己《おのれ》の外的生活を単純化し、自分自身の外側にある諸々の物理的・社会的な力によらなければ充足されないような欲情を修正し、優雅、明瞭化、自分自身による自己の方向づけに注意を集中する努力をすべきである。外面的に生きることによって、たいしたことはなされ得ないし、またなされるべきではない。人間は他の人々やものに依存することは避けるべきで、己自身の内に、生活の中心を発見すべきである。

第3の道——慈愛型

この生き方では、他人に対して同情的な関心をもつことが中心となる。愛は人生における最大のものであるべきだ。すなわち、それは、他人に対して重荷を負わせたり、自分の目的のために他人を利用するということとは無関係な愛である。貪欲な所有、性的情欲の強調、人やものに対する権力の追求、知性についての過度の強調、自分自身への過度の関心は避けたほうがよい。なぜなら、これらのものは人生に意義を与えるところの人々の間の同情や友愛を妨げるからである。

ところで、真の人間的成長のためには、私たちは、人格的な諸々の力に頼らねばならない。ここでもし、私たちが他人に対して攻撃的な態度をとるならば、それら諸々の力への受容性は妨害されるのである。だから、自己を清純にし、自己主張を抑制し、かつ他の人々に対して受容的で感謝の心をもち、彼らに役立つ人間になるべきである。

第4の道——享楽型

人生は楽しむべきものである。つまり、感覚的に、好みに従って自由奔放に楽しむというわけだ。人生の目的は、世界や社会、あるいはまた、他人の生活などの進路をコントロールすることにあるのではなく、事物や人間に対して解放的で受容的な態度をもち、それらに非常な喜びを感じるべきである。人生は、道徳的なしつけの場というよりは、楽しいお祭りなのだ。したいようにさせ、物や自身を感じるままにさせておくことは、善を行うことよりも、もっと大切なことだ。しかしながら、このような楽しみをもつためには、人は自己中心的になることによって、今、何が起こりつつあるかということに鋭敏に気づいたり、新たな出来事にわずらわされないことが必要である。そのため、人は他人と同盟を結ぶことを避け、人やものに依存したり、自己犠牲的であってはならぬ。つまり、人間は孤独のときをもち、自分自身についての瞑想とそれを認識するための時間をもつべきだ。孤独と社会性とは、いずれもよき生活のために必要なものである。

第5の道――協同型

人間というものは、他人から離れて自己にこもったり、孤独な自己中心的な生活を続けるべきではない。むしろ社会の集団生活に参加し、共同生活や友情を楽しみ、共通の目標を実現するために他の人々と一緒になって活動すべきである。人間というものは社交的で活動的な存在である。生活はエネルギッシュな集団行動と協力的集団に属する喜びとを結合する。瞑想、抑制、自己満足のための関心、抽象的知性、自己の所有物の重視など、これらすべては、人々を結びつけている絆を断ち切るものだ。人間は人生のよきものを楽しんだり、愉快で精力的な社会性を可能ならしめるものを確保するために、他の人々とともに働いたりして、内面的生活よりはむしろ外面的生活をすべきである。このような理想に反対する人々は、あまり快く扱われないだろう。

第6の道——努力型

人生には、停滞、愉快、陰うつなどがたえず訪れてくる。これらの傾向に対して、人はたえまない活動、たとえば肉体的活動、冒険、特定の問題の現実的解決、この世界や社会をコントロールするための技術の改良などの必要なことを強調すべきである。その人の未来がどういうものになるかは、第1に、彼が何をなすかにかかっているのであって、その思索や感情などに依存するものではない。新たな問題がたえず起こり、これからも起きるだろう。もし人間が進歩すべきものであるならば、改良は常に行われねばならぬ。過去を踏襲したり、未来について、夢のような期待を抱くことなどはできないのだ。もし人間に脅威をもたらそうとする諸々の力を征服できる能力が必要だとすれば、断固として活動を続けるべきである。人は技術の進歩が科学的知識によって可能になるということを信じるべきだ。「これで十分だ」という考えは、よりよき進歩の敵である。

第7の道――多彩型

私たちは、さまざまなときにあらゆる人生の通路から何ものかを受けとるべきであるが、しかし、それのいずれか1つだけに対してこだわりすぎぬほうがよい。その中の1つが、より適切なこともあろうし、また他のもののほうが、もっと適切だということもあるからだ。人生は、楽しみと仕事と内省とが同量ずつ含まれるのがよい。もし、いずれかが過度になされたならば、私たちは自分の人生から何ものかを失うことになる。それゆえ、私たちは、柔軟性を培い、自分自身の中に多様性を認め、この柔軟性が作り出す緊張を受け入れ、そして楽しみと仕事の真っただ中でそれから超然とするための目標を見出さねばならないのである。人生の目標は、楽しみと活動と内省とのダイナミックな統合の中に見出されるのであって、したがって、また、種々の人生の通路のダイナミックな相互作用の中に見出されるわけである。人は人生を形作っていく中で、それらのすべてを用いるべきであり、どれか1つだけを用いてはならない。

ディルタイのタイプ論

ディルタイの了解心理学

ディルタイ（Dilthey, W.）は、1833年に生まれ、1911年に亡くなったドイツの哲学者である。

ディルタイはまずそれまでのいわゆる説明心理学を厳しく批判した。説明心理学とは、ディルタイによると、イギリスの連想心理学、スペンサー（Spencer, H.）その他の生物学的心理学、ヴント（Wundt, W.）の実験心理学、その他のいわゆる自然科学的心理学をさしている。説明心理学、つまり自然科学的心理学の一般的方法は、自然科学の方法を心理現象に適用したもので、心理現象をいくつかの要素に分析し、すべての心理的過程をそれらの要素の結合によって構成されたものとみている。したがって、自然科学的心理学では、心理現象を物質の現象と同じく厳密な因果関係に支えられ、その間に機械的な法則を見出すことにある。あらゆる心理現象をこのような法則から説明しようとするのが、自然科学的心理学の方法論であり、ディルタイはこの方法論を容認しなかったのである。つまり、ディルタイは、自然科学的心理学では人間を理解することはできないと考えた。

ディルタイは、自然は説明できるが、精神あるいは心理現象はただ了解が可能であるという立場にたち、了解によって、人間を全面的、発展的にとらえ、比較心理学的立場にたって人間の類型を確立しようとしたのである。

ディルタイの了解心理学の第1の特質は、全体的な「生」の体験を重視する点にある。全体的というのは、ディルタイの一般的態度に由来するもので、生命の躍動する真実の事象をそのまま全体として統一的にとらえる態度である。

第2の特質として、ディルタイは心の現象を構造的関連としてとらえている。心を多数の要素の集合とみないで、関連としてとらえ、その中に統一があると考えている。つまり、体験に現れる心の現象はすべて構造をなしていて、その構造というのは、相互に関連性を含んだ統一的な全体ととらえている。

第3の特質として、ディルタイは心理学は心を了解する心理学でなければならないとする。ディルタイによれば、了解とは生命のさまざまな表現（言語・表情・行動など）を通して、精神の構造とその関連をとらえることにある。そこには、自己の体験にもとづいて他者の体験を追体験するという独自の方法が重視されている。

このような基本的な考えをもとに、ディルタイは、生活態度、哲学、宗教、芸術など、客観的に現れる世界観の類型的相違が、性格の類型的相違に原因すると考えた。つまり、人がどの世界観を選ぶかは、その人の性格によるものであると結論し、世界観の類型をもって、性格のタイプとしたわけである。

ディルタイのタイプ論には、３つのタイプ、官能型、英雄型、瞑想型がある。

官能型

官能型というのは、自分の意志が肉体的なものによって束縛、支配されていて、現実的な事象の享楽に魅かれていくタイプである。そのため性格は感覚的で、事象を感覚的に認識する自然主義的、宿命論的な傾向をもっている。

英雄型

英雄型というのは、精神生活の原則を意志におき、感覚的支配を否定するタイプである。このタイプでは、自由意志を尊重するために、宿命論をとらず、現実的な享楽に魅かれず、現実の目的に対して、障害や抵抗を克服し、自主的に行動する。つまり、自己の意志にもとづく創造的な価値を重視するタイプである。

瞑想型

瞑想型というのは、感覚や意志よりも、感情と人生を基本とし、すべての事物の全体的調和を重視し、宇宙や世界との神秘的な関わりを感じとって生きているタイプである。つまり、人生観、世界観としては、一切の存在は神であり、神と世界とは一体のものだとする汎神論的立場をとっている。

このようなディルタイのタイプ論については、多くの心理学者から批判がなされた。それは、世界観や人生観というものは、同一の個人においてもときによって変化し、必ずしも恒常的なものではないという点である。しかし、ディルタイは、経験的な世界観の表面的構造は、環境の激変や性格の発達によって変動を受ける事実を認めているが、しかし、個人の本質的な世界観というものは、人間形成の完成段階の後、容易に変貌するものではないと考えている。

シュプランガーのタイプ論

シュプランガーの了解心理学

シュプランガー（Spranger, E.）は、1882年にドイツで生まれ、ディルタイの影響を受けて精神科学的心理学の立場をとり、了解心理学を発展させた。

シュプランガーは心理学の目的を個人の生活を価値との関連において了解することであると考え、人間存在の主要なタイプを明らかにしようとした。そして、性格のタイプは、人が価値や興味をおいている方向によって規定されると考え、現実の人間的な文化価値に着目して、6つの方向とその理想型を提唱した。このタイプ論は思弁的で、すべてを網羅したものではないが、文化との関連を考えたところに大きな特色がある。

6つのタイプの概要を述べると次の通りである。

経済タイプ

物事を実用的な着眼点から眺め、利用性に従って判断する実際的人間である。価値は行為自体の中にあるのではなく、それから生ずる実際的効果にある。人物の評価も、活動力、資本、購買力に従ってなされ、道義性とか内的生活などは問題にしない。生活の目的は利益の追求であり、財産の獲得である。つまり事物の経済性、功利性をもっとも重視するタイプである。

理論タイプ

事物を冷静に客観的に眺め、知識の体系に価値を見出す。実際問題に対しては無力であり、実生活には適応しにくい。事物を認識するにあたって、自分の感情、欲求、好みなどの主観が入ることを避け、個々の具体的なことよりも普遍的なことに関心をもつ。冷静な個人主義者で、他人を理解する暖かみに欠けている。事物を客観的にみて、論理的体系を創造することに価値をおくタイプである。

審美タイプ

実際生活には関心を示さず、最高の感覚的事実である美に、人生本来の価値を見出す。自己を完成させることは、この美を最高度に享楽し得るようになることである。現実的なものに接触することを好まず、理論的思索からも離れて、美そのものを観照的に享受しようとする。美的価値の追求に興味をもつ人で、美を人生の生活価値とする。繊細で敏感であり、美しいものに最高の価値をおくタイプである。

宗教タイプ

実在の最高価値を求めて生活していくもので、ある者は博愛的となり、ある者は現世否定の苦行者となり、天啓と悟りによって人生を歩むものである。宗教的な価値、聖なるものを追求することに興味をもち、神への奉仕、宗教体験を重視するタイプである。

権力タイプ

政治型ともいい、権力の獲得に向かって努力し、他人を支配し命令することを欲する。生活領域のすべてを権力意志のために役立たせようとする。知識は他を支配するときの道具であり、人に対しても暖かい同情的な態度で接することは少ない。権力を求め、人の上に立とうとするタイプである。

社会タイプ

社会的態度の基底に愛をおき、他人との生活に献身的な融合を志し、それらを通じて自己価値の昂揚を体験していく者である。他人や社会一般の福祉の増進に興味をもち、他人を愛し進歩させることに最高の価値をおく。人間を愛し、他人のために奉仕しようとすることに重点をおくタイプである。

シュプランガーのタイプ論は文化価値に対応するカテゴリーから考察したものである。そこで、現実には、誰でもいくつかの価値方向をもっており、どのタイプに属するのか決め難い。つまり、ある個人が6つのタイプのうち、1つだけを選んで、それを目標として生活することは現実にはあり得ない。したがって、6つのタイプは、理念的に分けられるタイプであって、現実の個人はいくつかのタイプの混合タイプと考えたほうが自然である。

イェンシュのタイプ論

直観像研究からタイプ論へ

ドイツの心理学者イェンシュ（Jaensch, E.）は1883年に生まれ、1940年に亡くなった。

イェンシュは弟のイェンシュ（Jaensch, W.）と共同して、1907年に主観的直観像の研究から出発した。

直観像は児童期から青年期によくみられる現象で、残像と記憶像との中間的性格をもっている。

残像というのは、たとえば明るい光を見て、次に黄色の壁を見ると、その光が灰色に見えてくるというものである。しかし、直観像は残像とは別のもので、内容の乏しいものではなく、生き生きとした運動性があり、細部にわたって見えるものである。

直観像には、残像に似た性質のT型（テタニー型）直観像と、記憶像に似た性質のB型（バセドウ型）直観像がある。

T型直観像をもつ者は、神経質、無愛想、不自然で硬いといった分裂気質に属するものが多く、B型直観像をもつ者は、敏感、興奮しやすいといった躁うつ気質に属するものが多いと報告されている。

イェンシュは以上の直観像素質者の研究から、人間と外的環境との融合関係の構造に着目し、人間を統一的に作られるものとして、人格を統合の形式によって類型づけた。ここでいう統合とは、個々の心理的機能が相互に影響しあい、分離せずに共同して作用することを意味している。そして、この考えのもとに、イェンシュは人間を統合タイプ（J型）と非統合タイプ（S型）の2つのタイプに分類した。

統合タイプ（J型）

統合タイプというのは、思考、感情、イメージの作用、意志、衝動など各機能間にまとまりがあり全体的に統一されている性格である。統合タイプにおいては、外界との強い調和があり、外的環境に自己が適応している状態を保っている。

非統合タイプ（S型）

非統合タイプは、投影型ともよばれ、自閉的な色彩が濃い。非統合タイプは個々の機能の共同の度合が少なく、独立的に働く傾向がある。そのため非統合タイプでは、環境との接触が少なく、彼らには外部から入り込んでくる刺激が自分にとってすべて異質であるように感じ、環境に対して自己が常に適応していない状態である。つまり、自分の観念の世界の中に閉じ込もりがちな性格であるといえよう。

統合タイプと非統合タイプは、それぞれ両極端を示し、実際にはその中間にいくつもの移行型がある。

タイプの決定にあたっては、質問紙法などは使わず、実験心理学的に個人の固有テンポ、視知覚、残像などの測定をもとにしている。

イェンシュのタイプ論はまた、以上の実験的・自然科学的観察と同時に、哲学的な根本思索が詳しく述べられているところに特徴がある。

フロムのタイプ論

5つの性格のタイプ

フロム（Fromm, E.）は1900年にドイツで生まれ、心理学と社会学を学んで、1933年アメリカに渡り、新フロイト派を代表する1人である。

フロムはまず、人間心理の理解には、人間存在の諸条件にもとづく人間の欲求を分析することに基礎をおかなければならないとした。そして、人間存在の条件から生じる人間の諸欲求として、①関係への欲求、②克服への欲求、③固着への欲求、④同一感の欲求、⑤方向づけの枠組みへの欲求の5つの欲求をあげた。

このような欲求を基本として、これらの欲求の特殊な表現、つまり、人間がその内的可能性を実現する実際的方法は、人間の生きている社会によって規定されているとした。したがって、人間の性格は一つの特殊な社会の提供する機会にしたがって発達すると考えた。いいかえれば、人間は社会の要求に調和することによって、社会的性格を発展させているということである。

フロムは性格形成に関与する重要な要因として社会体制をあげ、経済機構によって人の生活様式は規定され、その生活様式が性格を作りあげると考えた。そして、個人の社会に対する関係のあり方として次の5つの性格のタイプに分類した。

①受容的性格のタイプ

自分の欲するものはすべて外部から受け入れられ、自分の世話をしてくれる人をたえず求め、誰かに依存したいと願っている人である。

②搾取的性格のタイプ

力によって自分の欲望を満たしたいと願っている人で、自分以外の人間に対しては攻撃的であったり、搾取的であったりする。

③貯蔵的性格のタイプ

このタイプの人間は従順で几帳面であるが、外部の世界から自分自身を孤立させたいと願っている。

する。

④市場的性格のタイプ

このタイプの人間は他人に適応させること、ないしは自分を売ることによって満足する。

⑤生産的性格のタイプ

他の人に対して、真の愛情を抱くことのできる人間であり、自分に固有な能力を発揮できる人間でもある。

フロムは、これら5つの性格のタイプの中で、最後の生産的性格が望ましいと考えた。

そしてフロムは理想的社会として①人間が愛情こめて、他の人間と関係をもてる社会、②近親感と共同意識の絆に根ざされている社会、③破壊ではなく、創造によって自然を克服する可能性を人間に与えるような社会、④誰もが、他人の目的のための手段とならず、常に自分自身が目的であるような社会、⑤貪欲、搾取、所有、ナルチシズムといったものが、より大きな物質的利益や個人的な威光を増大するために用いられる機会のない社会をあげ、こういう社会こそが正気で健康的なのだと述べている。

そして、このような社会においては、誰もが完全に人間として等しい機会をもち得るし、そこには孤独や絶望がないと結論づけている。

ホーナイのタイプ論

ホーナイ（Horney, K.）は1885年ドイツで生まれ、ベルリン大学で医学を修め、1918年から1932年までベルリン精神分析研究所で精神分析学を研究した。1932年にアメリカに渡り、シカゴ精神分析研究所に2年間おり、その後1934年にニューヨークに行って、そこで臨床の仕事にたずさわった。

ホーナイはフロイトの正統的精神分析に早くから不満を抱き、仲間と一緒にアメリカ精神分析協会を発足させ、また精神分析研究所を創設した。

ホーナイのタイプ論は、幼児体験の総体が性格を形成するという立場に立っている。そのため、タイプを素質的なものとは考えず、生得的なものとは認めていない。

ホーナイは人が人間関係（とくに幼児期）において障害を受けると、その障害を取り除くために、種々の要求（行動）を表すといい、それを次の10の要求のタイプにまとめている。

ホーナイの10の要求タイプ

①愛情と承認への要求タイプ

他の人々を賞賛したいとか、他の人々の期待に添いたいと強く希望する。そのため、他人から拒否されたり、仲違いになることに対しては敏感である。

②仲間を求める要求タイプ

これはいわば寄生動物的であり、愛を過大評価し、一人ぼっちで助ける者もなく、ただ一人取り残されることを極度に恐れる。

③狭い枠の中に自分の生活を制限したいという要求タイプ

このような人は要求や喜びが少なく、目立たないでいることを好み、何よりも慎み深いことで満足する。

④力への要求タイプ

自分より強い者に対しては賞賛を惜しまず、弱者に対しては軽蔑する。また、知的業績や優越感情をもって、他の人々を支配したいと思う場合もある。

⑤他人を利用したいという要求タイプ

他人を自分の利益のために搾取したり、利用したいという気持ちが強い。

⑥名声への要求タイプ

人の自己評価は、みんなの承認によって決められると考え、名声を求める。

⑦自己顕示の要求タイプ

自分を過大に見せ、すべてを誇張する。

⑧実力を高めたいという要求タイプ

何事もベストを尽くしたいと願い、また心の底にある不安から、自分の業績をより大きなものにしたいと願う。

⑨自分が他者から孤立したい要求タイプ

他の人々との暖かい満足すべき関係を保つことに失敗した人は、他人から逃避し、誰とも絆を保つことを拒否し、たった一人ぼっちでいるようになる。

⑩完全さと要害堅固への要求タイプ

誤りを犯すことを恐れたり、他の人々から非難されることを恐れて、自分を完全で絶対正しいものにしようとする。

ホーナイは、後にこの10の要求のタイプを①依存型（同調要求）、②攻撃型（対立要求）、③離反型（回避要求）の3つのタイプにまとめている。

3つのタイプへ

①依存型

他人のほうへ動く型で、いつも他人に頼ろうとし、他人の愛情と是認を求める。他人の感情に敏感で同情的であり、また愛情にむくいる。攻撃性や反発心は抑圧されている。

②攻撃型

他人に対して動く型で、常に他者と競争し、自分が優位に立とうとする。自我が強く、現実的であり、精力的でもある。愛情や孤独感は抑圧されている。

③離反型

他人から離れる型で、他人との間に常に一定の距離を保ち、愛情、競争など、自分一人の世界の平穏を乱す恐れのある、いっさいのものから身を避けている。思索的で、ときに独創的であり、愛情と攻撃性とは抑圧されている。

ホーナイの性格のタイプ論の特徴は、いずれも個人において混合型を認め、さらに年齢、環境によって種々に変化することを考慮に入れて、性格の形成に遺伝的なものの関与を拒否していることにある。

ハヴィガーストらの青年の人格タイプ論

ハヴィガースト（Havighurst, R.J.）と彼の共同研究者たちは、青年の人格の5つの基本的タイプをあげている。これはハヴィガーストらが青年の態度測定の研究から導き出したものである。

青年の5つのタイプ

①自己志向的人間

良心的で秩序だっており忍耐強い。自分を高い水準で律するので、自分の行為に対してあまり満足していない。野心的で意志的であり、自己充実感を抱いているが、反面自己批判と自己疑惑にも悩むといった青年である。

性格特性からいえば、道徳的勇気、忠誠心、正直さなどの意志の強さを表す特徴がみられる。一般にこのタイプは、周りからの評価が高く、責任感と正直さをもっているとみられている。

②**順応的人間**

社交的で友情に厚く、話し好きで活気に満ちている。性格特性では、友情、責任感、正直さなどに特徴がある。

両親や教師といった社会的規範を代表するような人々に対しては、尊敬を抱き、命令に従順である。また社会的によいといわれる型の行為を無意識的に取り入れようとするので、早い時期から、いわゆる「よい子」あるいは「優等生」となりやすい。

③**服従的人間**

いつでも他人の後について、指導を受けようとする消極的、受動的な青年である。性格特性では、臆病、自信の欠如、服従的、特色のなさなどの特徴がみられ、もっぱら権威的な規準に同化することによって安定を得ようと努める。

自分からリーダーシップをとろうとか、攻撃に出るなどの行為にはまったく関心を示さないので、自己主張や積極性を欠いた内向的、消極的、ときには未成熟な性格となる。

④反抗的人間

このタイプの青年たちは、社会に対するあからさまな敵意を抱いている。また、内面的に激しい情緒的葛藤をもっており、他人への憎しみや攻撃も、その底に不安が潜んでおり、自己を哀れな情けない者とみている。そしてこうした欲求不満の経験が彼らを反社会的な反抗型人間に育てていくのである。

⑤不適応人間

不安定で不満も多く、家族ともうまくやれず、学校でも能力を発揮できない。しかし、反抗型のように社会へ敵意をぶつけるのではなく、歪んだ行動にはけ口を求める。彼らは知能の低さや社会的未成熟、劣等感と自己嫌悪、深い情緒的葛藤に悩んでいる。

この型の青年は、一定の性格タイプではなく、環境しだいで変わり得るものである。

4

性格テストを考える

性格テストの意義と条件

性格テストと人間理解

人を理解するということは、かなり難しいことである。ある人について自分は十分に理解していると思っていても、実際の相手が自分のイメージと、かなり違っていることを発見することがある。

そこでまず人間の性格をテストによって測定できるのかどうかについて考えてみよう。性格は人間のもっている属性であるが、しかし一義的に規定することが困難な概念である。事実、性格に関しての定義は心理学者の間にも一致した見解は、いまだ見出されず、きわめて不明瞭で漠然としている。

次に測定という言葉について考えてみると、心理学的測定は個人の性格を量によって測るため、相対的な序列的確認に終わらざるを得ない。

さらに、仮に性格を測定できるとしても、それがその人の性格をどの程度まで理解できるのかということになる。

このように考えてみると、性格を厳密な意味で測定することには限界があることが理解できる。そこで、性格を測定するということは、ある操作的概念の中で、相対的に、ある誤差を含んで測定できるといったほうがよいであろう。

性格テストの目的と役割

ところで、人の性格を測定するための性格テストをどのように、どのような場合に、どのような目的で用いるかという問題がある。また、いくつかの性格テストをどのように組み合わせて用いたら、もっとも有効であるかという問題が生じてくる。しかし、この問題に答えるには、それぞれのテストが人間の性格のどのような側面や特性を測定することができるのかということが、明確にされなければならない。

そのためには、性格テストという手段によって人間の複雑な性格を測定することの限界を常に根本にまで、さかのぼって厳しく見極めることが必要である。そしてまた、性格を測定するのに、少しでも効果的で有効な方法を開発し追求する必要がある。

性格テストを実施しようとする際には、まず何のためにそれが必要とされるのか、その目的が明確にされていなければならない。

精神医学では、患者を正しく理解することは、診断や治療にとって必要なことであり、また、カウンセリング場面においては、性格テストによるクライエントの性格の把握が、問題解決の手がかりになることも多い。

教育場面においては、児童・生徒の学習意欲や適応の問題を理解するために性格テストが役立つ。さらにまた、産業場面では、仕事の適性や職場での適応あるいは人間関係の問題に性格テストが重要な役割を果たしている。

このように、社会の多くの場面で性格テストが必要とされ、大きな成果をあげている。しかし、性格テストそれ自体では、どんな病人も治療できないし、どんな子どもも教育できないし、またどんな社会的問題を解決することもできない。

そこで、性格テストの使用者は、テストを十分に理解し、テストの使用の方法や目的を明確にし、さらに性格テストの有効性とその限界を十分に認識し、倫理的態度や意識をもって実施しながら診断に臨むべきである。

性格テストの作成とテストの基本条件

性格テスト作成の全体的構想

性格テストを作成するときには、実際の図版や問題項目の作成にとりかかる前に、測定内容の理論的検討を行う段階がある。たとえば、性格テストを作ろうとする場合、人の性格のような多元的で複雑な事象をより的確にとらえるため、性格の理論をもたなければならない。つまり、どのような性格理論にもとづいてテストを作るかという問題である。この理論的検討によって、後に述べるテストの妥当性が決定される。

次にどのような形式によって測定するかを決めなければならない。たとえば、質問紙法にするか投影法にするかといった問題である。

性格テストの素材

全体の構想がまとまったら、テストの素材を用意するという作業に入らなければならない。テストの素材とは、質問紙法であればテスト項目であり、投影法であれば図版である。

テストの項目あるいは図版などのテストの素材の作成が終わったら、それを使って実験的にテストを実施する段階に入る。テストの作成は、たとえ理論がすぐれていても、実際に実施して、そのテストに被検査者がどのように応答するかをみて、十分に吟味し、改良、修正するという過程を経なければならない。

そのためには、実験によって得られたテストの資料を、いろいろな角度から分析する必要がある。たとえば、大量の資料を複雑な統計的解析法によって整理し、問題点を検討する。つまり、実験（予備テスト）をし、それをもとに分析し、さらに修正して、また予備テストを実施するということを繰り返す過程が重要である。この繰返しによって、完成度の高い性格テストが作成される。

テストの標準化

テスト作成の最後の段階は標準化である。標準化とは、テストによって得られる情報を正しく利用するのに必要な資料を整理したり、標準的な尺度を用意したりすることである。これらの全体の過程を経て、実際に使用できるテストとして完成される。

ところで、性格テスト作成においては、まず2つのことを念頭におかなければならない。それは第1に、測定しようとするものを正確に決めることであり、第2に測定する方法が正確かどうか確かめておくことである。一般に前者を妥当性、後者を信頼性とよんでいる。妥当性、信頼性については、後で述べる。

テスト判定の客観性

さらにまた、測定した結果の処理や判定の仕方が判定者によって相違があるならば、その結果を信頼することはできない。これはいわゆる客観性の問題で、誰がいつ判定しても同じ結論にならなければならない。

次に実際に使用するうえでの実用性の問題がある。いくら客観的であり、妥当性や信頼性が高くても、テストの実施手続きが複雑であったり、時間が長くかかったり、あるいは費用が高すぎるのでは実際の利用は難しくなる。

最後に、測定の結果は一般的に数量的に出されることが多いが、その得点の意味づけの問題がある。つまり、ある得点が標準グループの中で、どのような相対的位置を表しているかということである。これを標準化とよんでいる。

性格テストの測定上の問題

妥当性

妥当性とは測定しようとしているものを、実際にどの程度正確に測定しているかということである。たとえば、ある性格特性を測定しようとする場合、はたしてそのテストがその特性を測定しているか、その正確さの度合が高ければ妥当性が高いといい、低ければ妥当性が低いという。

ところで、性格の測定においては、性格の概念そのものが研究者によってかなり相違が認められ、そのうえ、きわめて不明確で漠然としているために、その妥当性を決定することはきわめて困難である。

一般的に妥当性はテストの得点と他の基準の測定値との相関によって妥当性係数を求めるが、多くの場合、ある性格特性を明確に示すような満足できる基準はなかなか存在しないのである。現在のところ、性格テストの多くは満足できる妥当性をもっているとはいえないのである。

なお、現在行われている性格テストの妥当性には、①予測的妥当性、②併存的妥当性、③内容的妥当性、④概念的妥当性、⑤因子的妥当性などがある。

信頼性

信頼性とはテストによる測定結果の一致性、安定性のことである。つまり同じテストによって同一の個人の測定を繰り返した場合に得られる測定値間の一致の程度、あるいは正確さである。

同じ対象を繰返し測定するとき、常に同じ測定値が得られるとはかぎらない。測定値には、真の値と測定誤差を含んでいるので、不正確さはまぬがれない。

なお、信頼性を決定するには、①再検査法、②平行検査法、③折半法、④内的整合法などがある。

客観性

いわゆる客観性の高いテストというのは、その結果の処理、採点の仕方が誰がやっても、あるいは同じ人が時を異にして採点、評価しても、常に同様の結果が得られるような方法、手続きができているテストのことである。つまり採点者の個人的な態度や感情といった主観的な判断に左右されないように構成され、確定されているということである。一般に質問紙法は客観性が高く、投影法、作業検査法は低いといわれている。

標準化と換算点

テストの得点はいくつかのテスト項目に対する反応の結果、得られるもので、その得点が意味をもつのは粗点のままよりも、標準点に換算されたもののほうが便利である。

テストの標準化は、テストから直接得られた反応をこのような相対的な単位によって表すことである。つまり、ある標準グループの中である個人の示した反応は平均より逸脱した反応であるか、また平均に比べて多く反応しているか、少なく反応しているか、そしてその反応を通して、その個人はこのグループの中のどこに位置づけることができるかが決定される。

得点を換算するには、①パーセンタイル、②標準点（偏差値など）、③5段階評価などがある。

性格テストの歴史と種類

性格テストの歴史

性格テストは、精神医学、臨床心理学の領域において、種々の精神的問題をもっている者について、その治療を行っていくうえでの鑑別、診断のための技法として開発されてきた。

性格テストのはじまりは、イギリスのゴールトン（Galton, F.）が19世紀後半に心理的特性の評定法として考案した質問紙にあるといわれている。

第1次世界大戦では、アメリカのウッドワース（Woodworth, R.S.）が多数の質問を印刷した用紙を与えて、これに対する自己報告を求める性格調査目録を作成した。

その後、この形式のテストが数多く作成され、なかでも1943年にアメリカのミネソタ大学で考案されたMMPIはその代表的なものである。

投影法に関しては、１９２１年にスイスの精神病理学者ロールシャッハ（Rorschach, H.）がいわゆるロールシャッハ・テストを発表し、精神異常の診断法として高く評価された。

その後、１９３８年にアメリカのマレー（Murray, H.A.）がＴＡＴを発表し、その後、ＳＣＴやＰ-Ｆスタディなどの投影法が開発されるに至った。

日本では、内田勇三郎が１９３３年にドイツの精神医学者クレペリン（Kraepelin, E.）の連続加算にヒントを得て、これを作業検査として構成し、その基礎を完成させ、内田クレペリン精神検査として公にしたのである。

今日では、性格テストは教育界のみでなく、人事採用や職場配置など人事管理の面にも活用されている。また、精神病者の診断、精神障害者の治療やカウンセリングのための基礎資料を得るなど、臨床面においても性格テストが活用されている。

質問紙法

質問紙法は、被検査者にある性格特性を調べるための多くの質問項目を与え、それについて自分自身の内省によって自己評価させ、その結果を統計的に処理し、性格を客観的に測定しようとする方法である。回答の形式は「はい」、「いいえ」、「どちらでもない」の3件法をとるものが一般的にはもっとも多い。

質問紙法は実施が簡単であり、適用範囲が広く、採点など結果の処理が客観的に行われ、数量化も容易であり、また多人数に同時に実施できる。

さらに質問紙法は、行動観察などではとらえることができない個人の内的な経験を知ることができるので、性格テストの中でも、現在もっともよく使用されている。

しかし、質問紙法には、いくつかの限界や短所がある。まず質問紙法は被検査者の内省にもとづく自己評定であるので、意識的、無意識的に誤りが入ってしまう。たとえば、被検査者が回答の結果を予測して、わざと回答をゆがめたり、あるいは無意識的な自己防衛の機能が働いて、結果としてうそをつくという場合がある。また評定が自分自身にまかされているために、質問の意味が了解できなかったり、意味を読み違えてしまったりすることもある。さらに、質問項目の内容が場面や状況によって左右されることが多い場合には、一義的に回答することは難しく、回答がその時々により変化してしまうということもある。

ところで、質問紙法の代表的なものとして、YG、MMPI、MPI、EPPS、

CMI、UPI、TEG、向性検査などがあるが、ここではもっとも利用されているYGについて紹介する。

YG（矢田部・ギルフォード性格検査）は、ギルフォード（Guilford, J.P.）とマーチン（Martin, H.G.）が作成したテストにもとづいて、矢田部達郎らが日本人にあうように項目を選択し、作成したものである。

YGは12の尺度について、それぞれ90の質問項目が含まれ、全部で120の質問項目で構成されている。被検査者は各質問について「はい」、「いいえ」、「どちらでもない」の3つのうち、いずれかに回答する。

実施は主として集団に対して行われることが多く、採点は被検査者自身でも行うことができる。本テストはまた、質問項目が120問あるので回答するのに多少時間がかかるが、性格を構造的に把握でき、性格の各側面にわたって比較的広範囲の情報が得られる。

しかし、このテストの欠点は、嘘偽尺度がないので、自分をよくみせようとする態度がテストにおいて働いたかどうかがわからない点である。また、「どちらでもない」に多く回答した者は平均型に入ってしまって、本人の特徴が出にくいという限界をもっている。

YGの12の尺度は、①抑うつ性、②回帰性傾向、③劣等感、④神経質、⑤客観性、⑥協調性、⑦愛想のなさ、⑧一般的活動性、⑨のんきさ、⑩思考的外向、⑪支配性、⑫社会的外向である。

YGは現在、学校、職場などで広く用いられている。しかし、あまりにも類型化されているため、個人の基本的な特徴を理解するのに便利であるが、個人の性格をきめ細かくとらえることには限界がある。

作業検査法

作業検査法は被検査者に一定の具体的な作業を与えて、そこでの実際の行動および作業経過やその結果から性格を測定しようとする方法である。一般にこの方法では、作業条件が明確に規定され、検査が実験的な性格をもち、さらに被検査者に何を測定しているかという検査の意図がわからないという長所がある。

作業検査法の中で、現在もっともよく使用されているのは、内田クレペリン精神検査であるので、ここではこの検査について紹介する。

この検査は、適当な検査場所さえあれば、何人でも集団的に実施できる。実施の仕方は、隣りあった数字を加算し、その答の1の位の数字をその間に記入していくもので、連続加算法ともいっている。実施は1分ごとに行を変えていって、前期15分実施した後、5分間の休憩をおいて、ふたたび15分間実施するものである。そして加算をしてある各行の最後の数字を順々に結んでいく。これによってできた線が作業曲線といわれるものである。

判定はこの作業曲線をもとになされる。内田クレペリン精神検査の判定には「曲線類型判定」と「個別診断的判定」の2つの方法がある。

曲線類型判定というのは、個々の検査結果の作業量水準、曲線型、誤答数などを総合し、その結果が健康者常態定型曲線から量的に、また質的にどの程度隔っているかによって、その「隔りの程度」を符号によって表現していく判定方法である。この判定法は検査結果の実物にあたって体系的に学習を積んでいけば、判定技術の習得が可能である。

もう一つの個別診断的判定というのは、曲線の細かい動きから、その「かたより」が具体的にどういう特徴となって現れやすいかという、個人の「性格特性」を判定する方法である。この判定方法は、専門的な知識を必要とするので、臨床心理学に関する知識や経験を豊富にもっている人でなければ、判定、解釈は困難である。

そこで、ここでは内田クレペリン精神検査の標準的な理解として、一般に利用されている「曲線類型判定」に関して述べる。

曲線類型判定では、まず検査結果の作業量の水準をⒶ、A、B、C、Dの5段階のいずれに属するかを決定する。作業量水準の高低は、知能や作業能力と深い関連があり、事実、作業量と知能テストとの相関はかなり高い結果を示す研究が多く出されている。また作業量は単に能力的な意味だけでなく、積極性や行動の速さや意欲とも対応していることがわかっている。

曲線型の判定は、作業量による段階と組み合わせて分類される。健康者常態定型曲線と同じような曲線を描いた場合を「定型」、近似しているが部分的に非定型要素がみられた場合を「準定型」とよんでいる。

さらに、定型の傾向をもちながらも曲線のくずれの程度の著しいものを「準々定型」、また、その曲線に明らかな非定型要素を見出した場合を「中間疑問型」とよんでいる。

このように、作業量水準と曲線型の2つの面から、その程度づけを24の符号によって判定するのが曲線類型判定である。

曲線型の特徴は定型、非定型によって著しく異なっている。そこで、次に定型曲線が示す心理・行動面の特徴について述べる。

①心的活動の調和、均衡がよく保たれていて、状況に応じた過度の行動がとれ、性格や感情のバランスがとれている。
②仕事に着手すると、とりかかりがよく、またすぐ没頭できる。
③テンポが速く、適度な緊張はあるが、気楽な気持ちで仕事ができる。
④慣れが早く、上達度が高い。また仕事の処理能力にすぐれている。
⑤仕事が正確で誤りが少ない。

非定型曲線を描くものの心理・行動面の特徴は、その非定型曲線の型に応じて異なるが、次に一般によく現れやすい特徴について述べる。

①心的活動の調和、均衡が失われ、仕事ぶり、行動ぶりや性格面にかたよりや異常がみられる。
②仕事のとりかかりが悪く、なかなか調子が出ない。
③仕事にむらがあり、時折、ぼんやりする。

④ 無理なあせりがあり、事故や失敗が多い。
⑤ わずかな外部からの刺激に影響されやすい。
⑥ 抑制力に乏しく、ときどき興奮が激しく出やすい。

内田クレペリン精神検査は、質問紙法と異なって、連続加算という単純な作業の課題であるので、被検査者には、何を測定しようとしているかという検査のねらいがわかりにくい。そのため、嘘偽反応や作為反応も出にくいという利点がある。

また本検査のよさは、具体的な作業という行動を通して診断するところにある。そこが質問紙法のように頭で考えながら行う検査と根本的に異なる点である。

さらに、本検査は他の性格テストでは、つかみにくい「仕事ぶり」、「作業ぶり」といった面の特徴を明らかにしてくれるが、同時に、それを通して、より広い意味での精神の健康度や精神障害の有無、様相などについても知ることができる。

しかし、制約された条件で単純な作業をさせるだけであるから、性格を多面的にとらえるには限界がある。つまり、性格テストとしての本検査の結果は、あくまでも精神状態の健康・不健康、作業態度、作業の仕事ぶり（速さ、テンポ、注意力、持続性などの特性)、性格のかたより、その他の精神的特質を示す徴標として考えられるべきであろう。

本検査の特徴としては、さらに年齢の適用範囲が広く、5歳から老人までを対象とすることが可能である。検査用紙には一般対象用の標準型以外に児童型と幼児型がある。児童型は小学校低学年用であって、加算の和が常に1桁になっている検査用紙である。また、幼児型は加算がまだできない幼児のための検査用紙で、幼児型は連続加算を用いず、⊗(マルバツ)法といって、加算のかわりに⊗を書かせる方法をとっている。

投影法

投影法は心理臨床およびカウンセリングの分野でよく用いられるテスト形式である。この方法は、比較的あいまいで、文化的様式に影響されにくい刺激素材を与えて、できるだけ自由な反応を引き出し、個人の性格を理解しようとする方法である。

投影法といわれる理由は、刺激素材に対する反応が、いわばその人の心の中の反映とみなされるからである。

投影法の長所としては、被検査者に自分の反応のもつ意味を気づかせないので、被検査者の意識的な自己防衛が問題となることが少なく、本人の本当の姿を語らせることができる。さらに、無意識の局面を含んだ性格をとらえることができ、自由で変化に富む反応が期待できるので、個人の全体的、力動的な性格像を理解できる。

しかし、その反面、短所として、まず他のテストと違って判定の基準が十分に確立していないので、客観的な採点が困難であり、その解釈には主観的判断が多く必要とされる。また投影法は、一般に理論的根拠が十分に満足できるまで確立しているとはいい難い面を残している。さらに、検査者が十分訓練されていないと、検査者のテスト場面での態度が、被検査者の反応に著しく影響を及ぼす場合がある。そこで、検査者には、テストに関する十分な訓練と経験、それに深い人間理解にもとづく洞察力が必要とされる。

投影法には、ロールシャッハ・テスト、TAT（CAT）、SCT、バウムテスト、人物画テスト、P-Fスタディなどがあるが、ここではロールシャッハ・テストについて解説する。

ロールシャッハ・テストは、スイスの精神科医ロールシャッハ（Rorschach, H.）によって1921年に創案されたテストである。

このテストには、10枚の左右対称のいろいろな形をしたインク・ブロット（インクのしみ）のついたカードを用いる。そのうち5枚は黒インクだけで、2枚は赤色が加わっており、残りの3枚にはいろいろな色が使用されている。

テストの実施においては、自由反応段階、質問段階、限界吟味段階の3つの段階がある。

自由反応段階では、10枚のカードを1枚ずつ被検査者に見せて、そのカードの図形がいったい何に見えるかを自由に言ってもらう。この段階において、検査者は被検査者の言語的反応を正確に記録し、被検査者の動作や表情なども記録する。

質問段階では、自由反応段階に与えられた反応について、ふたたびはじめのカードから質問を行う。そして、検査者は、その反応がブロットのどこに対してなされたのか（反応領域）、いかに決定されたのか（反応決定因）、何に見えたのか（反応内容）について確かめる。

限界吟味段階では、反応が不十分で検査者に疑問が生じた場合に、被検査者に対して直接疑問点を問い、それによって豊かな知見を引き出すことができる。しかし、もし質問段階までに被検査者の非常に豊かな情報の提供があれば、この段階は必要ない。

ロールシャッハ・テストの判定方法

反応からまず反応総数、反応拒否数、初発反応時間、反応終了時間を求め、次に反応領域、反応決定因、反応内容の観点から分類される。

反応総数は10枚の図版を通じて与えた反応の総数である。反応数がある程度多いことは、意欲があり、興味が多方面にわたっていることを反映している。しかし反応数が異常に多い場合は、観念過剰で顕示欲が強すぎ、かえって現実生活に対して不適応を示しやすい。逆に反応総数が少ない場合は、精神活動の貧困さ、気分や意欲の沈滞あるいはテストに対する抵抗や防衛を反映している。

反応拒否数は自由反応段階で反応を与えることに拒否した図版の数である。普通の場合、反応拒否を示すことはごく少ない。

初発反応時間というのは、図版提示から最初の反応が生ずるまでの時間である。一般的に、初発反応時間は検査状況に対する被検査者の構えや態度を示している。初発反応時間が長いほど、その被検査者が防衛的で抑制的であり、逆に短いほど開放的で衝動的な傾向があると考えられる。

反応終了時間は、図版提示の瞬間から、その図版の反応がすべて出終わるまでの時間である。この反応終了時間は、図版に対する被検査者の関心の程度や防衛的態度の有無を示している。

反応領域は、全体反応、普通部分反応、異常部分反応、空白反応に分類される。

全体反応は、ブロット全体に対してなされた反応である。全体反応の率が高い場合、その人は現実の把握の仕方が総合的、抽象的であり、分析的態度をとらず、どちらかというと、その場全体の雰囲気に反応する傾向にある。この反応の率が低い場合は、分析的かつ具体的思考に勝っていることが多いが、物事をまとめる能力に乏しいことがある。

普通部分反応は、ブロットの比較的まとまりをもった部分に対する反応である。この反応を多く示す人は、総合的、抽象的なものの見方に関心を示さず、常識的で、物事を現実的、具体的に処理していく能力が高い。

異常部分反応は、ブロットの特殊な領域に対する反応で、普通部分反応に比べて出現頻度は少ない。この反応を示す人は、個性が強く鋭い観察力をもつ反面、自己主張が強く、社会的協調性に乏しい。

空白反応は、インクのしみのついていない、白い空白に対する反応で、一般に背景となっている部分を図形とみる場合である。一般に外向的な人の空白反応は、挑戦的、頑固、議論好き、否定的な傾向をもっており、内向的な人の空白反応は、自己批判的、自己懐疑、追随的などの傾向を意味している。

反応決定因というのは、何によって反応が決定づけられたかということで、形態反応、運動反応、色彩反応、陰影反応に分類される。

形態反応は、ブロットの形態的特性を決定因とする反応である。形態反応が多い場合には、強い情緒的抑制、感受性の乏しさなど、自己統制の強すぎる性格を反映している。また形態反応がごく少ない場合には、情緒不安定、環境に対する過度の敏感さ、あるいは倫理的思考能力の低さを反映している。

運動反応は、ブロットに動きを感ずる反応であり、人格の成熟、想像力の豊かさ、内的安定性と関連が深い。

色彩反応は、ブロットの色彩を取り上げる反応である。色彩反応の多い人は、感受性豊かで、情緒表現が活発であるが、反面、周りから刺激を受けやすく、よく考えずに行動するといった傾向がみられる。色彩反応がごく少ない人は、情緒的抑制が強く、外界の刺激に対する感受性が乏しい。

陰影反応は、ブロットの陰影を取り上げている反応で、その人が外界に対して過敏であり、不安感を抱きやすいことが推定できる。

反応内容は、人間反応、動物反応、解剖反応、植物反応、性的反応などに分類される。

人間反応は、人間の全身あるいは部分に関する反応である。あまり多くの人間反応が出るということは、必要以上に敏感で人に対する関心のもち方が過敏である。また人間反応がごく少ない場合には、人を避ける傾向が強く、対人関係を十分に保っていくことが困難であることを示している。

動物反応は、動物の全身あるいは部分の反応である。動物反応が多い場合には、紋切型で常識的な思考内容を反映していると考えられる。また動物反応が少ない場合には、常識的な思考が十分にできない傾向を示しているといえる。

解剖反応は、人間や動物の解剖した状態、あるいは解剖図のすべてを含んでいる。

この反応が多いことは、心気症的な不安があると考えられ、劣等感に対する知的な補償作用、反応の構成力の低さ、ごく一般的な不安感を反映している。

反応内容は、これ以外にも多くのものが反応として出るが、以上の3つがもっともよくみられるものである。

ところで、ロールシャッハ・テストでは被検査者の反応をどのように解釈するかが、テストの有効性を決める鍵となる。したがって、このテストを用いて診断しようとする際には、高度の経験や洞察力が必要となり、かなり専門的な教育や訓練を経ないと扱うのは困難である。

5

性格のタイプ形成

遺伝か環境か

一般に心理的遺伝の研究法として、家系研究法、双生児法、事例研究法などがある。

家系研究法はメンデルの遺伝学にもとづいて、ある形質や特性が家系内のどの個人に現れるかを追究する方法であり、従来精神病の遺伝は主として、この方法によって研究された。性格に関する遺伝の問題も、この方法によって研究がなされてきたが、方法論のうえで、いくつかの欠点があるので、現在ではほとんど使われていない。

双生児法は、遺伝と環境の問題を解明するのに、もっとも有効な方法である。双生児法の基本的原理は次のようなものである。

双生児には、一卵性と二卵性のものがあるが、一卵性双生児は遺伝学的に同一の個体であるから、一卵性双生児間の一致度と二卵性双生児間の一致度を比較することによって、心理的特性が遺伝によるものなのか、環境によるものなのかを調べる方法である。

心理的遺伝研究の他の方法としては、統計的方法、野生児、孤立児の事例研究などがある。

統計的方法とは、ある特性について近親者間の類似の程度を統計的に算出して、それによって特性の遺伝性を判断する方法である。

　野生児というのは、生後まもないころより、オオカミなどに育てられた子どもをいい、また孤立児というのは、社会から、まったく孤立して育った子どもである。これらの野生児や孤立児は、あきらかに異常環境の中で生活してきたわけであり、その環境での影響を事例的に研究していく方法である。

　この章では、性格形成における遺伝と環境の問題について、まずいくつかの研究方法について述べ、最後に性格形成の諸理論を紹介する。

家系研究法

親と子を比べてみると、顔や体つきばかりでなく、性格もかなり似た傾向をもっていることは、日常よく経験するところである。

家系研究法というのは、ある一定の特性をもっている個人を中心として、その特性が、その個人と同一の家系に属する人々の間に、どの程度現れるかを調べる方法である。つまり、その特性の出現度が一般に比べて著しく高いかどうかという点をできるだけ広く調査し、統計的検討を加えて、その特性の遺伝性や遺伝形式を定めようとするものである。

たとえば、血友病という伴性遺伝（性別と特別の関連をもつ遺伝現象。たとえば、色盲は女子に少ない）する病気や精神分裂病の患者を出した家系が以前から研究されている。また音楽的才能に関するバッハ一族、親類に多くの学者を輩出したダーウィンやベルヌーイの家系などは有名である。

カリカック家の研究

ところで、アメリカのゴッダード（Goddard, H.H.）による一家系の調査がある。彼はこの家族にカリカックという仮名をつけた。18世紀のアメリカ独立戦争のとき、カリカックは兵士であった。彼はある居酒屋で精神遅滞のある少女と親しくなり、子どもができた。この子どもから約150年の間に480人の子孫ができた。そのうち、やや詳しい報告が得られたのは189人にすぎなかったが、このうち正常の者は、わずかに46人で、残りの143人は、精神遅滞者、アルコール中毒者、てんかん、犯罪者、売春婦などであった。ゴッダードは、またこの子孫の中に、両親がどちらも正常である家庭を40組確かめることができたが、ここから生まれた子どもは220人が精神遅滞者で、正常な者は2人しかなかった。

カリカックは後になって、地元に帰って、家柄もよく、知能も正常な女性と結婚した。ここにまたカリカック家ができ、この家系には496人の子孫ができたが、その中に1人の精神遅滞者もいなかった。そればかりか、医者、弁護士、実業家、軍人といった地位の高い人物や社会的に活躍した人物が多かった。

カリカック家の研究は、同じ人を父親にもちながら、その母親の違いによって、後に続く子孫が、まったく異なった特徴をもつという興味ある事実を示している。

ジューク家の研究

カリカック家とならんで有名な家系にジューク家がある。1740年にアダ・ジュークという名の女性が死んだが、この女性を母親として生まれた子孫は1915年までに2820人であった。この中で正確に追跡調査ができたのは、709人であるが、そのうち131人がアルコール中毒者、174人が売春婦、64人が精神病者、77人が犯罪者であった。そして、これらの人たちに認められる共通の性格特性としては、貪欲、意志薄弱、残忍性、責任感欠如などであったといわれている。

家系研究法の問題点

以上、家系研究法について、いくつかの例について述べてきたが、人のもつ性格特性が遺伝によるものか、あるいは環境によるものかを家系によって研究する方法には、

2、3の欠点がある。

第1に、家系研究法は、できるだけ先代にまでさかのぼって、長期間の資料が必要であるが、すでに死亡した人物の性格や心理的特性について直接調査することはできない。そのために、残された古い記録に頼るか、人の記憶によらなければならない。しかし、記録が残されていることは、ごくまれであり、残されていたとしても、しばしば間違いがある。また第三者の記憶にしても人の複雑な心理的特性の場合には、誇張されたり、歪曲されたりする可能性がある。

第2に、同じ家系の人物は概して同じような環境の中で生活しているので、同一の生活態度や慣習などをもちやすいと考えられる。したがって、ある性格特性が同一家系にしばしば現れたとしても、そこから遺伝と環境の相対関係を考えることは難しい。たとえば、バッハ一族の場合でも、血筋（遺伝）というよりも音楽家の家庭に生まれたために、幼少のころより恵まれた音楽的環境の中で、音楽を学習する機会が多かったことによるかもしれない。

またカリカック家についていえば、精神遅滞の母親のもとでは、子どもが健全に発達できない場合も考えられる。

したがって、家系研究法は遺伝的要因と環境的要因とを、はっきりと分離できないというところに大きな欠点がある。

第3に、ある家系にある性格特性が共通にみられたとしても、それだけで遺伝によると結論することはできない。たとえば、その性格特性がその時代やその文化に広くみられる場合もあり得るからである。このような場合には、その時代の背後にある社会的状況をも調査しておかずに、ある特定の家系だけを抽出してみることは危険であるといえる。

ある性格特性が遺伝によるものか、環境によるものかを、ある家系の血縁者間の類似性で調べることは重要な意味をもっているが、その類似性が遺伝だけによって決定されるとはいえないのである。遺伝か環境かという問題を研究する方法として家系研究法は、以上のようにいくつかの欠点があり、不十分な点がある。

動物実験による方法

トールマンの実験から

アメリカのトールマン（Tolman, E.C.）は、ネズミを使って実験的に遺伝の研究をした。彼は、ネズミを10日間連続して複雑な迷路に入れてみた。これは実験用の箱であるが、中央にえさがあり、そこに達するためには曲がりくねっている迷路をいくつも通らなければならず、しかもその迷路のいくつかは行きどまりになっている。それぞれのネズミについて、えさを見つけるまでの時間と、10日間に何回ぐらい袋小路に入りこんだかを調べた。それによると、ネズミによってえさに達する時間や、失敗の回数がかなり異なることがわかった。そこでトールマンは、えさに達するもっとも短い道を早く覚えたネズミを利口なネズミとし、なかなかえさにまで達せず、覚えるのに時間がかかったネズミをばかなネズミとした。

そして、利口なネズミ同士で交尾させ、生まれたネズミに同じ実験を行った。それによると、利口なネズミ同士の子孫は、第1代で平均失敗数が6・2回、第2代で10・5回であったが、ばかなネズミでは、第1代で平均失敗数が15・7回、第2代で16・4回であり、あきらかに2つのグループには差が認められた。

トールマンから学んだ研究者たちもこれと同じ実験をそれぞれ19日間連続して行い、第7代まで調べてみた。各世代では、利口なネズミのグループと、ばかなネズミのグループは、そのグループ内で交尾させたが、第7代では2つのグループの学習曲線はほとんど完全に分離した。つまり、利口なネズミの子孫は早くえさに到達し、誤りも少なく、ばかなネズミの子孫はえさに到達する時間も長く、誤りも多かった。

これらの研究は、ネズミの学習能力に関しては遺伝的要因が、かなり重要な役割を果たしていることを示している。

双生児法

双生児とは

人の性格がいかに作られるかという問題を研究する方法として、双生児法はもっとも有効な方法であり大きな意義をもっている。

双生児は比較的多いもので、わが国では、だいたい165回の出産に1回の割合で生まれている。双生児の出産は民族によって異なり、ヨーロッパ諸国では日本の約2倍の85回に1回の割合で生まれている。

双生児には、一卵性の双生児と二卵性の双生児、さらに多卵性の双生児がある。一卵性の双生児は、1個の成熟卵が1個の精子と結合して、1つの個体に成長するべきはずであったものが、発生の途中において分離し、2つの個体となったものである。

そこで、2人がもっている遺伝子の構成は、まったく等しいと考えられ、これを否定する事実は、現在までのところ、何も見出されていない。そこで、この一卵性双生児では、遺伝質を共通にもっているということが、双生児法の大前提となっている。

これに対して二卵性の双生児は、2つの卵子が同時にまたはわずかの時間をおいて排卵され、それがそれぞれ別の精子と結びついたものである。したがって、双生児として同時に生まれたとしても、卵も精子も別々で、独立した2つの個体として成長したものである。

したがって、一卵性双生児のように遺伝質が同じではなく、遺伝質の差異は、普通の兄弟姉妹の関係と同じである。一卵性双生児は必ず同性であるが、二卵性双生児では、同性の場合もあれば異性の場合もある。

双生児法とは

すでに述べたように、双生児には一卵性のものと二卵性のものがある。この双生児を用いて、人のさまざまな性格特性が遺伝と環境によって、どのように形成されるかを研究する方法を双生児比較法あるいは双生児法といっている。

一卵性の双生児は遺伝学的には同一の個体であるから、もし2人の間に、ある性格特性に違いが現れれば、それは環境の差によって形成されたと考えられる。また二卵性の双生児の場合には、遺伝的には普通の兄弟姉妹と同程度の差をもっているから、2人の間の違いは遺伝と環境の両方の影響の結果とみることができる。

したがって、問題とする性格特性が遺伝とまったく関係なく環境によってのみ規定されているとすれば、一卵性の双生児の間の類似度と二卵性の双生児の間の類似度は同じはずである。これに対して、その性格特性が環境とはまったく無関係で、すべて遺伝によって規定されるとするならば、一卵性の双生児の間には差がないはずである。

このように、双生児法は、ある性格特性について、一卵性の双生児と二卵性の双生児の類似している程度を比較することによって、人の性格が遺伝によるものか、環境によるものかを研究する方法である。

ところで、双生児は、双生児としての特殊性があるので、研究の結果や解釈にあたって、次のような点を考慮しなければならない。

第1には、双生児の妊娠、出産の条件が、一般の単胎児と異なっているということである。たとえば、双生児の胎児期の体重は、2人あわせると一般児に比べるとかなり重く、双生児の妊娠は母体に過重な負担を与えている。そこで、つわりの程度もひどく、流産率、死産率も一般より高いのが普通である。そこで無事に生まれ、順調に育っている双生児は、強い淘汰を経てきたものであるということである。

第2には、双生児は親や周りの人々から常に双生児として扱われ、よく似ているなどと評価されがちである。また、双生児同士は常に一緒にいたり、同じ行動をすることが多いために、2人の人間関係はきわめて密接となる。その結果、同じような心理的特性をもちやすく、研究の結果が似たものであっても、これをすべて遺伝が要因であると決定することはできない。以上のような点から、双生児研究の際には、細かい配慮が必要である。

双生児法による性格の研究

心理学や精神医学の立場から、双生児についての性格研究には、主に次の3つの流れがある。

第1は、既成の性格学の体系を遺伝生物学的に根拠づけようとする流れであり、双生児を観察して、その性格学そのものに実証性を与えようとするものである。

第2は、自由な心理分析やテストを用いて相関を求める測定法の流れである。

第3は、双生児とともに集団生活をする中で、心理実験や具体的な観察を行い、性格を総合的に把握しようとする方法である。

第1の流れでは、ドイツのロッティヒ（Rotig, H.）やエックレ（Eckle, C.）によってなされた研究が代表的である。

ロッティヒは13歳から39歳までの一卵性双生児および二卵性双生児をそれぞれ90組調べた。彼は家族や双生児自身に質問をして得た結果をクラーゲス（Klages, L.）の性格体系にしたがって整理したが、それによると、性格の素材（記憶、注意などの能力）が一卵性でほとんど一致し、性格の品種（お人よし、わがまま、素朴など）も一致するが、とくに自己主張、自己献身に関しては非常によく一致している。これに反して、性格の構造（活発、平静などの精神的過程の経過的特性）では一致は少ないが、それでも二卵性よりは、はるかに一致する。この結果から、ロッティヒは、性格の素材がもっとも遺伝規定的であり、性格の構造が環境規定的であるという。

エックレの研究は彼の師であるプァーラー（Pfahler, G.）の性格学によったものである。プァーラーは注意、固執性、感情興奮性、能動性の4つを基本的な心理的機能と考えた。注意には、狭―広、固着的―波動的、客観的―主観的などの対立があり、固執性には、強―弱、感情興奮性には強―弱、快―不快、能動性には強―弱がある。彼はこれらの組合せによって12の性格類型を考えた。

エックレは、プアーラーの性格理論にもとづいて、一卵性18組、二卵性12組の双生児にロールシャッハ・テストや刺激語実験を試みた。この研究の結果によると、注意力と固執性の組み合わさった機能に関しては、かなりの遺伝性が認められた。また根本機能では、能動性が素質として最大の安定性をもち、感情興奮性は、遺伝規定性が最少であった。これらの研究は、いずれも既成の性格学の体系に依存しており、実験心理学的方法が十分に取り入れられていないので、結果に問題があるといわれている。

第2の研究の流れとして代表的なものは、イギリスのアイゼンク（Eysenck, H.J.）によるものである。彼は11歳から13歳までの同性の双生児50組（一卵性、二卵性それぞれ25組）について、遺伝の同一性を7つの方法（血液型、虹彩の色素沈着、耳と歯の相似など）で調べた。そして、次に１００人の双生児全員に17のテスト（知能、精神運動性、人格質問紙、手先の器用さ、被暗示性など）を行い、テスト成績間の相関係数を求めた。これによると、一卵性双生児間のテスト結果の相関は、二卵性双生児間に比べて、かなり高い相関係数が得られた。たとえば、平均値でいうと、知能では一卵性が０・９０に対して、二卵性では0・67、手の器用さでは、0・70対0・29、被暗示性では0・53対0・14となった。アイゼンクは、この結果と他の調査にもとづいて、性格の遺伝的意義を非常に高く評価している。

第3の集団生活による総合的研究法としてはゴットシャルト（Gottshaldt, K.）の研究がもっとも有名である。彼はある性格学にもとづいてその考えを双生児の比較によって実証するという方法をとらずに、日常生活の場面における行動の観察や生活史などについて多くの資料を集めたり、実験の結果や作業の成績などの資料によって研究を展開している。彼は前後3回にわたり双生児の合宿を行い、1回目には4歳から14歳までの双生児48組、3回目には7歳から18歳までの双生児90組が参加して2カ月間集団生活を行った（2回目は小規模であった）。

この期間中、双生児たちの毎日の生活行動が詳細に観察された。そして、子どもの遊び方、感情、意志傾向、社会的行動の仕方、葛藤などを記録した。彼はまた同時に、語彙検査、概念規定、持続性、要求水準、発動性などの心理学的実験を行った。これらの結果と日常生活の観察とを総合したときの一卵性と二卵性双生児における平均の差を求めた。またこの平均の差の比を遺伝と環境の比とした。この研究の結果によると、一卵性と二卵性の双生児での比の値の大きい性格特性は、発動性、呼応性、作業テンポ、根本気分、注意力などであり、これらの性格特性は遺伝規定性が比較的高いと考えられる。その後15年後にゴットシャルトは、以前と同じ調査を実施したが、成人になっても、一致、不一致が児童期に存在したのと、ほぼ同じように存在しているという。

精神病と遺伝

精神病の一つである精神分裂病について、双生児間の一致率の研究がいくつかある。研究者によって多少違いがあるが、一卵性の一致率は非常に高く、分裂病に遺伝が関与していることが予想される。しかし、不一致例も全体の30％あまりあるので、環境の条件も無視できない。

アメリカのカルマン（Kallmann, A.）の研究によると、一卵性双生児でも、発病前5年間以上別居していた者では、一致率が77・6％であるが、同居していた者では、91・5％の一致率であった。このことは、精神分裂病の発病に関して、生活環境の影響が十分にあり得ることを示している。

精神病者の家系には、どれだけ精神病や精神病質の人間が現れるであろうか。カルマンによると、分裂病者の家族には、極端な分裂気質の性格をもった者が多いという。片親が分裂病者の場合には、子どもの16％が分裂病になり、約35％の者が分裂気質の性格特徴を示している。また両親が、ともに分裂病のときには、子どもの70％近くが分裂病、20％近くが分裂気質の性格特徴をもっている。躁うつ病やてんかんについても、ほぼ同様な結果が出ており、精神病の発病の原因が遺伝的要因にかなり強く規定されるといえるであろう。

犯罪双生児の研究

双生児法は犯罪研究にも用いられている。犯罪双生児の研究というのは、犯罪を犯して検挙された者が双生児であるかどうか調べ、双生児であることがわかると、もう片方がどこで何をしているかを調査し、その2人の相違を比較していく方法である。

この研究でもっとも有名なものは『運命としての犯罪』という本を書いたランゲ(Lange, J.)のものである。ランゲは一卵性双生児のほうが二卵性双生児よりも、はるかに犯罪を犯す一致率が高いことを示している。ランゲは13組の一卵性双生児と、17組の二卵性双生児を用いて、それぞれ2人の間にみられる犯罪の内容や犯罪の回数について、その類似性を比較研究した。それによると、一卵性の13組のうちで双方とも犯罪を犯したものは10組である。それに対して、二卵性では17組のうち、双方とも犯罪を犯したものは2組にすぎず、残りの15組は一方だけであった。ランゲはこの結果から、犯罪というものが、かなり遺伝的要因によって規定され、犯罪が運命づけられていると考えた。

ランゲ以来、この研究は各国で行われるようになった。これらの研究結果を統計的に検討してみると、一卵性双生児では、135組のうち87組（64・4％）が一致しているのに対して、二卵性双生児では、263組のうち50組（19・0％）が一致しているにすぎない。さらに、犯罪内容や動機についての一致の程度について調べてみると、一卵性双生児では、犯罪をはじめて犯したときの年齢や犯罪の種類、服役中の態度までよく似ているという。また、とくに累犯者だけを問題とすると、一卵性双生児と二卵性双生児では、もっと大きな差が現れている。

犯罪の原因はきわめて複雑で多様であるが、犯罪双生児の研究によると、犯罪そのものが遺伝するとはいえなくても、犯罪を犯す基礎となる性格特徴の遺伝性は十分に認められるのである。

双生児と学習

アメリカの心理学者ゲゼル（Gesell, A.L.）は、双生児を用いて学習に関連する素質的条件を実験的に研究している。彼は一卵性双生児を用いて、双生児の片方にはある期間一定の学習をさせ、その間にもう一方にはまったく学習させないで両者を比較した。つまり、生まれてから約6カ月半の一卵性双生児の片方Aだけに6週間の間、毎日5～6段ある段階を登る練習をさせ、もう一方Bにはまったく練習させなかった。練習前はAもBも全然登れなかったが、6週間後になると、Aは26秒で登ることができた。一方で、Bは左足を一番下の段にのせるだけで、登ることができなかった。

ところが、それから2週間の間、Bだけを練習させると、Aの3分の1の練習期間でAに追いついてしまった。これはAが階段を登るために必要な身体や運動機能の発達がまだ不十分であり、学習するのに早すぎたために、適切な時期にはじめたBよりも、より多くの時間と労力を必要としたと考えられる。

この実験は、どのような内容のことを、いつ教えたらよいかという学習の適時性の研究に貴重な資料を提供している。

いずれにせよ、双生児法は、性格が遺伝によるか環境によるかという問題ばかりでなく、人間の行動理解の研究方法として、きわめて意義があり有効であるといえる。

野生児の研究

野生児とは

野生児は大部分が捨子、迷子ないし動物にさらわれたもので、育てた動物はさまざまであるが、もっとも多い事例はオオカミである。これは人間の子どもが人間の社会の中で、人間によって育てられず、人間的環境の影響がほとんどない自然の実験と考えられる。いくつかの事例の共通点は、視聴嗅覚などが育て主の動物に匹敵するほどの鋭さをもち、行動パターンもいろいろな点で人間的ではない。たとえば、食物のところに口をもっていって咬みつき、衣服は着せてもすぐ咬み裂いてしまう。また発見し、保護した人間に対してはきわめて攻撃的で、機会さえあれば野性の生活に戻りたがるという。

野生児のうちでも信頼のおける記録は、アヴェロンの野生児ヴィクトールと、ゲゼルによって報告された、オオカミ少女アマラとカマラの事例である。

アヴェロンの野生児

アヴェロンの野生児は、12歳前後に野生動物と同様な状態で発見され、ヴィクトールと名づけられ、その後40歳前後まで生きていた。彼はイタール（Itard, J.M.G.）の手で毎日訓練を受け、多少読むことを覚え、幼稚な方法ではあるが書くこともでき、他人に対して愛情を示すようにもなり、また簡単な仕事もできるようになった。しかし、40歳になっても、数十語の言葉しか話せるようにならなかった。

オオカミ少女アマラとカマラ

オオカミに育てられたアマラとカマラの姉妹の事例は、野生児のうちでもっとも興味のあるものである。１９２０年に、インドのカルカッタに近い村で、オオカミと一緒に住んでいた2人の少女が発見された。大きいほうは8歳くらい、小さいほうは1歳半くらいで、すぐに孤児院に収容された。下の女の子はアマラと名づけられ、上の女の子はカマラと名づけられた。下の女の子は1年足らずで死んだが、上の女の子は約9年間他の孤児たちと一緒に生活した。はじめ発見されたときの2人は、4つ足で歩き、人が手を出すと歯をむきだして、とびかかったりして、とても人間の子どもとは思えなかった。食物は手を使わずに口を近づけて食べた。水はコップで飲むことができず、皿にくんだ水を舌でペチャペチャとなめた。また、死んだニワトリの肉を食べたりもした。昼は寝ていて、夜になるとオオカミのようにさかんに遠吠えをした。人間の言葉は話さず、聞いても理解できなかった。

その後になって、カマラは2、3の言葉が言えるようになったが、それまでに5年もかかった。6年目になって、やっと動物よりも人間に対して親しくするようになり、周りの人たちも動物よりも人間らしくなったと感じたという。

これらの事例からわかることは、人間が人間らしく成長するためには、人間に育てられ、人間との関係をもつことが必要であるということである。さらに、ある行動を習得するには、それに適した時期があり、その時期を逃してしまうと、いくら訓練しても効果が少ないということである。

孤立児の研究

カスパー・ハウザーの事例から

孤立児というのは、社会からまったく孤立して育った子どもである。孤立児の事例としてはカスパー・ハウザーが有名である。彼は3歳のころから、やっと座れるくらいの狭い地下の牢獄に投げこまれ、パンと水だけで、番人の顔さえ見ないで、17歳までその中に閉じこめられて生活していた。彼が17歳で牢獄から出たときには、数歩しか歩けず、口もきけなかった。その後、彼は優秀な教師ダウマーの指導で急速に精神的な成長を示すようになった。はじめは木馬で遊ぶことしか知らない青年から、街の護衛兵になり、その後は法律家の秘書ができるところまで達した。そして最後には自伝まで書いたと伝えられている。

環境要因の統計的分析

人間の子どもが、養子に出されるとどのようになるであろうか。アメリカでは、乳児院などから、無関係の子どもをもらって育てることが多いので、環境要因と遺伝要因とを分けて調べることができる。

ウィッテンボーン（Wittenborn, J.）が、養子縁組された２００余りの例について、多方面から検討した結果では、施設に育った子どもと普通の家庭で育った子どもとの間には、知能、攻撃性、同調性、建設性などには差が認められない。それよりも実親の学歴や養親の職業などのほうがより強く作用しているという。研究結果によると、実親が高等教育を受けている子どもの知能指数は平均して１１０、初等教育しか受けていない者の子どもの知能指数は平均１００であった。また、養親の職業がより専門的であるほうが、子どもの知能は高い傾向がみられた。

性格形成の諸理論

生得説と経験説

性格形成を規定するものは何かという問題は、以前から生得説と経験説の対立という形で論じられてきた。人の性格は生まれつきのもので、個体の遺伝的素質がその特徴の発達を規定し、環境によってはほとんど変わるものではないというのが生得説の考え方である。

これに対して、人の心はもともと白紙のようなもので、生まれた後からの経験を重ねることや、どのように育てられたかによって性格が決まってくると主張するのが経験説である。

性格の形成において、遺伝と環境のどちらか一方だけが働いていると考える立場を一般に孤立要因説といっているが、性格のような複雑な特徴の形成過程を、どちらかの要因だけで説明しようとするのは、あまりにも非現実的である。

輻輳説とは

輻輳説は、ドイツのシュテルン（Stern, W.）によって提出された考え方であって、性格の形成が生得的なものの単なる発現でもなく、また環境的条件の単なる受容でもなく、遺伝と環境の輻輳によって相互に作用しあって形成されるという立場である。

孤立要因説が遺伝か環境の一方を重視する立場であるとすれば、輻輳説は遺伝も環境も両方とも重視する立場であるといえる。しかし、すでに形成された性格特徴を2つの要因に分けて相対的な強さを決定することは、本来非常に難しい問題であり、また輻輳説では、性格が受動的に作られる点だけが注目されて、人が自分の性格を作っていくという能動的な面が考えられていない。

層理論とは

層理論はドイツのゴットシャルトによって出された理論である。この理論は、一種の人格構造論であるが、従来の性格学や類型学のように思弁的な学説と違って、生物学的基礎があり、大脳の解剖学的、生理学的事実をも考慮している。

　ゴットシャルトは、人格が知性的上層と内部感情的基底層の2つの主要層から構成されていると考えた。知性的上層は、知的精神的機能を含む領域であり、抽象思考、連合機能、判断、弁別機能、注意などである。それに対して、内部感情的基底層というのは、根本気分、衝動、感情、感情触発性、感情思考などである。彼はこれらの各層に属する機能について、双生児にそれぞれの検査を実施し、双生児間の差の平均を求めて、その比率を計算し、それぞれの機能の遺伝規定性と環境規定性を数量的に示した。それによると、人の知性的上層構造は、内部感情的基底層に比較すれば、遺伝による規定性も認められるが、はるかに環境の影響が強く、これに対して内部感情的基底層は遺伝による規定性が非常に強いのである。

　彼の理論は、実験結果の数量的方法について批判もあるが、多くの双生児によって観察と実験を行い、実証にもとづいた理論を構成している点で高く評価されている。

環境閾値説

　環境閾値説は、ジェンセン（Jensen, A.R.）によって示されたが、この説では環境が閾値要因として働くという考え方である。つまり、環境の効果は遺伝の働きと相互に独立しているのではなく、相互に影響しあっており、心理的特性はその種類によって環境の関連の仕方が異なっている。環境からわずかな働きかけで発現していく特性もあれば、また強い働きかけをしないと発現しない特性もある。つまり、特性によって遺伝にもとづく素質が環境からの働きかけの影響を受ける程度に差があるという考え方である。

彼はこの考え方によって、白人と黒人の子どもの知能差を種族的な差ではなく、環境条件の差であると考えている。それは、黒人の子どもの環境条件が極度に悪く、持って生まれた知的な素質が十分に現れるために必要な閾値に達していないため、白人の子どもの知能と差が生ずるのであるといっている。

以上、いくつかの心理的遺伝研究の方法と、性格形成の諸理論について述べてきたが、心理的特性がどのように形成されるかを究明することは、はなはだ難しい問題である。つまり、現在の段階では、個々の心理的現象に対する遺伝因子を考えるのは不可能に近く、この関係はきわめて複雑で、因果関係を見出すのは非常に困難であるといわねばならない。

著者略歴

瀧《たき》本《もと》孝《たか》雄《お》

1967年　学習院大学文学部哲学科卒業
1969年　青山学院大学大学院修士課程（心理学）修了
現　在　獨協大学名誉教授

主要著書

『自分で学べるカウンセリングノート』
（サイエンス社，2009）
『カウンセリングへの招待』
（サイエンス社，2006）
『性格心理学への招待［改訂版］』（共著）
（サイエンス社，2003）
『カウンセラー志望者のための基本問題集』
（ブレーン出版，2000）
『カウンセラーのためのガイダンス』（共編著）
（ブレーン出版，1997）

ライブラリ　パーソナリティ＝2

性格のタイプ
――自己と他者を知るための11のタイプ論――

2000年6月25日©　初版発行
2013年12月10日　初版第2刷発行

著　者　瀧本孝雄
発行者　木下敏孝
印刷者　杉井康之
製本者　関川安博

発行所　株式会社　サイエンス社
〒151-0051　東京都渋谷区千駄ヶ谷1丁目3番25号
営業　☎(03) 5474-8500（代）　振替 00170-7-2387
編集　☎(03) 5474-8700（代）
FAX　☎(03) 5474-8900

印刷　ディグ　　製本　関川製本所
《検印省略》

本書の内容を無断で複写複製することは，著作者および出版者の権利を侵害することがありますので，その場合にはあらかじめ小社あて許諾をお求め下さい。

ISBN4-7819-0959-0

PRINTED IN JAPAN

サイエンス社のホームページのご案内.
http://www.saiensu.co.jp
ご意見・ご要望は
jinbun@saiensu.co.jp　まで.

自分で学べる
カウンセリングノート

瀧本孝雄 著

A5 判・168 頁・本体 1,500 円（税抜き）

本書は，カウンセラーや臨床心理士を目指す人が，カウンセリング理論を学び，自分で整理，確認するためのノートです．各理論の概要と，よく使われる主な用語の解説を読み，章末の問題で学習した知識を確認できる構成となっています．さらに，巻末の基本・発展・論述問題を解くことで，大学院試験や資格試験の演習にも使うことができます．知識を整理したい現役カウンセラーにもお薦めの一冊です．

【主要目次】

サイエンス社

カウンセリングへの招待

瀧本孝雄 著

A5判・160頁・本体1,600円（税抜き）

本書は，カウンセリングをはじめて学ぶ人のためのテキストです．現役カウンセラーとしても活躍する著者が，豊富な知識と経験を生かし，事例をまじえながら分かりやすく解説しました．カウンセリングの定義から，パーソナリティとの関係，クライエント中心カウンセリングをはじめとする様々な技法，心理アセスメントまで，カウンセリングのエッセンスが一冊に凝縮された，おすすめの書です．

【主要目次】

サイエンス社

新心理学ライブラリ 9

性格心理学への招待

［改訂版］

自分を知り他者を理解するために

詫摩武俊・瀧本孝雄・鈴木乙史・松井　豊 共著

A5判・280頁・本体2,100円（税抜き）

１０年以上にわたり好評を博してきたベストセラーテキストの改訂版です．近年大幅に発展した性格５因子論，相互作用論・状況論，性格の正常・異常等の項目を補足しました．また，重要事項を囲み記事にまとめ，適宜挿入しています．視覚的理解のためレイアウトにも配慮し，新たに２色刷となっています．

【主要目次】

1章　性格の定義・性格の研究史／2章　性格の諸理論／3章　性格理解の方法／4章　性格の類型論／5章　性格の特性論／6章　性格の発達／7章　人間のライフサイクル／8章　家族関係と性格／9章　人間関係と性格／10章　コミュニケーションに現れる性格／11章　適性とは何か／12章　問題行動と性格／13章　性格の正常・異常／14章　性格の適応的変化 ／15章　文化とパーソナリティ

サイエンス社